好的生活就是好的教育

家庭教育文库　家庭生活教育丛书

埂家庭教育工作室　编著

山西出版传媒集团　山西教育出版社

《家庭生活教育丛书》编委会名单

编委会主任

朱永新

编委会副主任

孙云晓　陶新华

编委会成员

（按首字母拼音排序）

边玉芳　陈洁　樊青芳　范伟霞　冯楠楠　谷跌
郭铭　郭瑞玲　洪明　康丽颖　李荣　李巍
李小丽　李一慢　李媛媛　刘凤霞　刘美霞　吕萍萍
孟秋芹　秦张伟　任思颖　单志艳　唐静姣　王国红
王佳　王昕　王艳霞　王张晖　吴重涵　吴海燕
谢项鹤　徐瑛　闫玉兰　杨睿　杨艳霞　殷飞

丛书主编

孙云晓

丛书副主编

蓝玫　赵晶　弓晓俊　卢宇

家教兴万家

——《中国家庭教育文库》总序

朱永新

家和万事兴,家教兴万家。

家庭是诞生人的摇篮,家庭是教育最重要的一环。童年是人生最神奇的阶段,父母是孩子最长久的老师。

家庭教育的问题,如今已经引起了全社会的广泛关注。许多父母开始自觉地意识到,教育不仅仅是学校的事情,更是家庭的责任,是父母的天职。许多学校开始自觉地认识到,好的教育离不开家庭的参与,家校合作共育,教育才能够有美好的未来。

但从总体来看,家庭教育的重要性还远远没有得到足够的认识,全社会的教育素养也落后于世界发达国家的水平。

其实,我发起的新教育实验,在十几年的实践中一直重视两点:阅读和家庭。如果说阅读是教育最重要的抓手，家庭就是教育最重要的基石。为此，我们新教育研究院成立了两个研究所：一个是新阅读研究所，一个是新父母研究所（后更名为"新家庭教育研究中心"）。前者抓书目研制，先后研制发布了"中国幼儿基础阅读书目""中国小学生基础阅读书目"等针对不同读者人群的各类基础阅读书目，解决"读什么"的问题；抓"领读者"计划，解决"如何读"的问题。后者通过"萤火虫网络讲座"等项目抓父母的教育素养普及与提升，通过萤火虫工作站"萤火虫亲子共读"等项目开展各类亲子教育活动，通过"新父母学校"等项目帮助父母和教师携手打造家校教育共同体。之后由我推动发起，新教育研究团队在北京独立注册了"国本家庭教育研究中心"，开展家庭教育研究、新父母读本的编写等工作。我一直认为，把阅读和家庭两个难点抓住，在家庭里播下阅读的种子，让孩子在进入学校以前就已经热爱阅读，具有初步的阅读习惯、阅读能力，我们的教育自然会更有成效。

在受中国教育学会委托担任家庭教育专业委员会理事长以后，系统研究家庭教育理论、全面总结家庭教育的经验、及时指导我国家庭教育的实践就成为我面临的重要使命。近年来，我一直在思考如何更好地完成这一使命，如何调动各种资源，为繁荣中国家庭教育研究、推广家庭教育的先进理念与方法，进一步做出贡献。

在这样的背景之下，在新教育研究院、国本家庭教育研究中心等机构，以及全国家庭教育理论研究工作者和一线优秀教师、广大父母的参与与支持下，我们推出了这套《中国家庭教育文库》。

《中国家庭教育文库》包括《中国家庭教育蓝皮书》、《中国家庭教育研究书系》、新父母教材《这样爱你刚刚好》、《家庭教育译丛》和《家庭生活教育丛书》等。其中《中国家庭教育蓝皮书》是由国本家庭教育研究中心主持编写的年度家庭教育报告，分析中国家庭教育的最新发展情况，汇集每年中国家庭教育的理论研究成果和实践探索。《中国家庭教育研究书系》收录家庭教育相关学术研究成果，包括年度家庭教育国际论坛的论文集，以及著名专家的个人文集等。新父母教材《这样爱你刚刚好》是在中国教育学会家庭教育专业委员会与新教育研究院学术支持下，由国本家庭教育研究中心、中国青少年研究中心、上海师范大学联合编写，供学校或机构在各类家庭教育培训中使用。《家庭教育译丛》将陆续引进国外关于家庭教育的著作，为我们了解世界各地家庭教育的研究成果打开一扇窗户。而《家庭生活教育丛书》立足于家庭生活场景和学校工作，为家庭教育工作者，包括教师及广大父母倾心编撰，以更好地指导家庭教育工作，促进家校合作实践。

或许，我们的努力仍然是稚嫩的，甚至难以逃脱"初生之物，其形也丑"的常态。但是，我们将以《中国家庭教育文库》用心记录中国家庭教育的发展进程，收录家庭教育的最新研究成果，不断完善，不断提升，为推动中国家庭教育的高质量发展做出我们的贡献。

写于北京滴石斋

目　录

序一：学校指导家庭生活教育的成功实践　001

序二：学会成长：学校指导家庭教育新路径　004

第一章
家庭教育陪育师

好的家庭生活需要父母不断提升自我认知水平　002

每个人都有自己的路　005

家有小"半仙"　008

一张奥特曼卡片　012

祖孙间的争执　016

兄妹间的风波　019

爱"哼唧"的女儿　022

一块白板　026

妈妈，我"讨厌"你　029

关注我，变美变好看　033

你愿意相信我吗？　037

与"淘气包"的较量　041

学琴父子兵　047

第二章
家庭生活陪伴者

好的家庭生活需要建立高质量的亲子陪伴关系 052

一年级，这样陪读刚刚好 056

"小书虫"诞生记 065

我们仨，每个人都不缺席 072

"骑"乐无穷 078

足球二三事 082

我愿陪你一起奔跑 087

我不让你报名 092

不一般的劳动，给孩子一个有氧童年 097

小整理师成长记 103

厨房里的小能手 107

好吃的一起做 111

家务活里的"哲学" 116

给弟弟洗澡 120

第三章
家庭生活策划师

好的家庭生活需要建构互动式的家庭关系网群 124

做孩子家庭生活的"策划师"和"赞美家" 127

特殊时光，请勿打扰 133

游戏人生 137

牵一只蜗牛去散步 143

我想出去走走 147

养猫记 152

每逢节气欢乐多 160

我们的节气生活 167

芒种时，我们种下希望 171

"节气美食"小辰光 176

我们的荧光夜跑 181

我家的毕达哥拉斯装置 185

我们家的亲子时光 191

探索色彩的奥秘 195

序一：
学校指导家庭生活教育的成功实践

孙云晓[1]

《家庭教育促进法》第三十九条规定："中小学校、幼儿园应当将家庭教育指导服务纳入工作计划，作为教师业务培训的内容。"第四十一条要求中小学校、幼儿园要"组织开展家庭教育指导服务和实践活动，促进家庭与学校共同教育"。显然，中小学校具有指导服务家庭教育的重要责任。问题在于学校具体该如何做？尊重家庭教育是生活教育的特点，还是将家庭教育学校化或知识化？毫无疑问，前者将促进家庭教育良性发展，而后者将把家庭教育带入误区。苏州科技城实验小学校的经验已经被家庭教育专业委员会作为家庭教育十大案例之一予以推介，该经验之所以值得推广和借鉴，是因为它能促进学校教育与家庭教育的相互尊重和良性互动，进而推动家庭生活教育自主自动地进行创新发展。

这部书稿至少有四处与众不同：一是本书不是一般的经验介绍，而是一部教育叙事集，以真实而典型的故事及反思为描述重点，更具有可读性和耐品性的魅力；二是父

---

[1] 孙云晓：中国青少年研究中心研究员、中国家庭教育学会副会长、教育部家庭教育指导专委会副主任委员。

母们是主要作者，学校经验介绍只体现在校长的序言和三个部分的开篇语中；三是没有轰轰烈烈的活动，也没有统一部署的教育计划，而是千姿百态的日常生活；四是得益于教育素养提升和生活体验深厚，父母们笔下的事例既生动有趣又耐人寻味，显示出近乎教育家的观察力与智慧。我有幸为39位父母作者的文章都做了点评，对于父母们的水平之高尤为叹服！

一所学校的家校协同育人发生如此奇迹般的变化，人们不能不关注学校的家庭教育指导服务是否施了什么魔法。读者朋友细读徐瑛校长的序言可以知晓，该校长期以来坚持生活教育的理念，其中两个项目起到极佳的效果，一是家庭教育培育师，二是二十四节气课程。家庭教育培育师的培训及推广，简而言之就是以经验丰富的父母带动需要帮助的父母，这种持之以恒的推动，让越来越多的父母受益，从整体上提升了家校协同育人的水准。二十四节气课程的研发与使用，则为生活教育提供了系统的历史经验和现实选择，让学生及父母和教师都受益良多。

教育成败得失需要实践的检验。学校以生活教育为导向来指导家庭教育，家庭教育发生了怎样的变化呢？本书39位父母的生动记述可谓妙趣横生，五彩斑斓，39个案例不算多也可"借一斑而窥全豹"。例如，父母与孩子一起学做江南美食青团和乌树饭；例如，女儿拖地惊呼把自己"逼入绝境"后的母女对话；例如，坚持足球运动的酸甜苦辣；例如，多家庭合作的"荧光夜跑"；例如，到茶园学习采茶，到稻田体验插秧，等等。其中有个案例令我难忘。有个女孩提议养猫，而妈妈最怕猫，怎么办呢？他们采用多次召开家庭会议和外出调查访问的方式，讨论了"为什么养猫？适合养什么样的猫？怎么养猫？谁来养猫？"等一系列问题。当女儿听说自己也要当铲屎官，还要承担为猫洗澡等任务时，眼睛都瞪大了：原来养猫并非只是陪小猫玩。关于养猫的家庭会议是成功的，既让全家人增长了见识，也唤起了女儿的责任心。实际上，家庭生活的许多问题不是用简单的对与错或者是与非来判断的，而是需要经过全面了解和冷静分析，才能作出合理的选择，这正是让全家人相亲相爱并不断成长的智慧。

《家庭教育促进法》将家庭教育概括为五个主要内容，即道德品质、身体素质、生活技能、文化修养、行为习惯，而这些正是对家庭生活教育内容的完整概括。苏州科技城实验小学校指导家庭教育的实践，正体现了这样的方向与特点，在生活实践中落实了立德树人的根本任务。

著名教育家陶行知的理论就是生活教育理论，他的一句名言道出了生活教育的真谛："好的生活就是好的教育，坏的生活就是坏的教育。"苏州科技城实验小学校这本教育叙事集以《好的生活就是好的教育》作为书名，既是向陶行知先生致敬，更是将其生活教育的理念融入家校协同育人的实践之中。当然，苏州科技城实验小学校的实践还是初步的，理论与实践的结合也稍显稚嫩，但是让家庭教育回归与创造美好生活的这条路走对了，并且会越走越宽广！

序二
学会成长：学校指导家庭教育新路径

徐 瑛①

孩子是国家的希望与未来，父母是孩子的第一任老师，家庭教育的品质影响着国家发展的水平；家庭是社会的细胞，家庭生活的质量决定着国家健康发展的水平。决定家庭教育和家庭生活品质的主要因素是父母综合素养的水平。

苏州科技城实验小学校是苏州市首批家庭教育项目学校，首批家庭教育优秀课程项目学校。从 2015 年开始，我们就在学校指导家庭教育上不断思考与实践，努力寻找一条有效路径。面对一所刚成立的学校，如何开展家庭教育的指导？开展这项工作的目标定位是什么？开展这项工作的优势是什么？如何有效完成这项工作？如何做好过程性评价？这些问题一一解决后，才能让学校开展指导家庭教育的工作。

我们认为要做好家庭教育指导工作的关键是找到帮助父母改变的路径和方法。父母改变，孩子改变；父母成长，孩子成长。其中，家长终身成长的成长型思维的建构

---

① 徐瑛：苏州科技城实验小学校校长。

是关键。进入信息化时代，知识和新技术的更迭在超常速地发展，如果不树立终身学习的意识，不付诸终身学习的行动，人将无法融入社会，如果人与社会的同步发展脱节，就更谈不上服务社会，改造社会，实现人的社会价值。终身教育的理念不仅适用于在校读书的学生，而且应该适用于社会所有人群，家长是其中一个重要的人群。所以帮助父母学会成长，是学校指导家庭教育的一条路径。

2021年11月，联合国教科文组织发布了一份关于教育的前瞻性报告，题为《一起重新构想我们的未来：为教育打造新的社会契约》。"教育的未来：学会成长"是教科文组织委托编写的系列全球报告中的最新一期报告，呼吁不断扩大教育范围，并开展终身教育面向未来。持续学习，终身成长应当成为所有人的共识，尤其是家长。

帮助家长增强"学会成长"的意识，提升"学会成长"的能力，形成"学会成长"的素养，应当成为学校指导家庭教育工作的主要目标。我们坚信，帮助家长成长是帮助儿童成长的最佳路径。通过开展问卷调研，我们了解到学校65%的家长具有大专以上学历，有一部分高学历的家长，具备一定的学习能力，其中还有一部分具有本科学历的全职妈妈。84%的家长都表达出愿意学习育儿方法，迫切需要了解如何进行家庭教育的有效方法的意愿。最好的教育是自我教育，最有效的学习是建立学习共同体，尤其是对成年人而言。学习+实践是最有效的学习路径，从知道转化为理解，实现知识的迁移，必须通过不断的学习和实践。学习过程没有评价，也就失去了监督和反馈。因此，学校在指导家庭教育的工作中围绕三个方面做了课程建构，以期达到培育的效果。

下面从三个方面介绍苏州科技城实验小学校在指导家庭教育并引领家长"学会成长"的思考与实践：一是建构家长"自助式"学习生态圈；二是搭建家长"互动式"实践活动平台；三是形成家长"自荐式"评价体系。

一、学会成长，建构家长"自助式"学习生态圈

帮助家长增强"学会成长"的意识，提升"学会成长"的能力，助力家庭教育。近几年，苏州科技城实验小学校一直在实践研究建构家长"自助式"学习生态圈。所谓家长"自助式"学习生态圈，即通过让家长帮助家长，让家长成为家长的榜样这条"自助式"路径来唤醒家长"学会成长"的自觉意识，从而形成家长的学习能量场。

（一）"自助式"学习生态圈的理论和现实依据

从学校指导家庭教育的理论层面来看，家长"自助式"学习生态圈的建构是切实可行的。一方面，正如周国平所说："一切教育都是自我教育，一切学习本质上都是自学。就精神能力的生长而言，更是如此。"正因为学习的本质特征是自我教育，所以在学校指导做好家庭教育的过程中，激发家长"自助式"学习的愿景显得尤为重要。另一方面，从20世纪90年代起，"学习共同体"这一理论被充分重视并广泛地运用到教育教学当中。"学习共同体"的核心要义在于将学生的权利真正交还给学生，让学生真正成为学习的主人，但同时也特别强调心理的包容互

通以及群体动力的发挥。因此，指导家长学会成长，构建家长"自助式"学习生态圈，就是基于学习共同体的建构模式和运行机制来唤醒家长终身成长的意识和行动。

从学校指导家庭教育的现实层面来看，由于我校教师平均年龄不足30岁，大部分还未婚，所以教师并不具备家庭教育专业指导的能力。同时，学校教师的核心工作始终是教育教学，指导家庭教育是他们的相关工作之一，的确在精力和时间分配上会感到力不从心，从而可能导致家庭教育指导工作的开展无法有实质性的推进。然而，我们可以确定的是，家长群体是一个正态分布的结构，他们当中一定会有一批在认知方面和家庭育儿方面具有较高水平的家长，他们可以去助力在家庭教育方面相对而言缺少经验或有效方法的家长朋友。因此，让"高水平"的家长指导"低水平"的家长，这是一条可操作的路径。"家长'自助式'学习生态圈"这一润物无声的学校指导家庭教育的模式，促进了家长从"被动学习"向"主动学习"的转变，从"个体成长"向"群体成长"的转变。

（二）"自助式"学习生态圈的"四个一"原则

为了让家长能在"自助式"学习生态圈中得到优势发展，学校设计了"家庭教育陪育师"项目，构建了"家长导师制"的家长培训课程体系。而在陪育师项目的内容设计上，我们以"四个一"为原则，坚持一个底层逻辑、聚焦一个主题内容、用好一个学习共同体、维持一个时长周期。

1. 坚持一个底层逻辑：自主学习。我们认为家长学习的底层逻辑和所有学习的底层逻辑是一样的，自主学习才是可持续的，最好的教育就是自我教育。因此，家庭教育陪育师项目的培训均为家长自愿报名。

2. 聚焦一个主题内容：沟通能力。在学校对所有的家长进行家庭教育困惑调研的基础上，我们发现大家的困惑都聚焦在一个主题上，那就是沟通能力。在我校的调研数据中，有84%的家长对家庭亲子沟通存在困惑。由此可见，沟通能力是家长们的短板，甚至由于沟通不畅而引发了很多家庭矛盾和亲子关系破裂等问题。因此，我们的家庭教育陪育师项目需对症下药，将主题聚焦在亲子沟通上。

3. 用好一个学习共同体：学会成长。让家长成为家长的导师，一群人互相督促向前，通过多种策略有效运用"学习共同体"教育模式，充分尊重家长们的主体意识，贴近真实的家庭生活，引导家长养成科学的育儿观点，从而形成观点共识，力争全面达成"学会成长"的教育目的。本文就用好一个"学习共同体"原则在指导家庭教育方面进行大胆探索，提出行之有效的实施策略，主要从以下三个方面开展工作：一是科学设计陪育师课程，二是有效指导班级亲子活动，三是通过集团"每日签"的措施，向家长们传递科学的育儿观点，从而聚沙成塔，久久为功，让家长们在潜移默化中习得科学的育儿理念和方法。

4. 维持一个时长周期：一年成长。学校和家长们有一个"一年成长"之约，家长们参与陪育师项目的时间是一年，这一年我们对家长的"实践+反思+表达"提出了具体要求。每月8篇觉察反思日记,记录并点评自己的日常家庭教育行为和思考,及时纠偏,及时鼓励自己,及时激励同伴。

(三)"自助式"学习生态圈的美好样态呈现

2018年以来,学校开发家长"自助式"学习生态圈的实践探索,取得了阶段性的成果。尤其是通过"四个一"的课程设计,申请参加学习的家长人数每学期上升35%,学完课程的家长在做总结反馈时93%的家长表示学习对他们提升家庭教育的水平有很大帮助,82%的家长表示在学习过程中,比较明显地感到焦虑情绪在减少。同时,家长自发组织的学习活动渐渐涌现。比如,家长们会利用休息的时间开办家长读书会,成立了一个公益读书俱乐部。参加读书会的家长,他们会和其他家长或好朋友进行"家庭教育读书"的分享活动。陪育师学员们也组建了一个家庭"教育宣讲团",当他们不断地分享听课感受并去模拟老师上课流程和内容的时候,俨然是一个个家庭教育培训导师,所以我们对"自助式"陪育师项目的未来发展充满期待,希望这个项目不断生根发芽,枝繁叶茂,帮助更多家长提升自我学习的意识。

我们还开设了"家长线上私董会",对于有诉求的家长,尤其是在家庭教育方面存在长期解决不了的问题或困惑的家长,就由他(她)来做案主,家长导师可以通过线上私董会的方式,用私董会的组织流程,根据提出的案例,提供高质量的问题分析来帮助家长自我觉察。待思路清晰后,最终家长能自己找到解决问题的方法。用集体

"治疗"私董会的方式帮助困惑者,便形成了一种灵活的互助式的学习成长的机制。这一群人,成了家庭教育宣讲团的导师,成了家庭教育的互助师,成了我们家庭教育的实践研究者。这一群人聚在一起,我们可以憧憬和期待我们的家庭教育会做得更接地气。

二、学会成长,搭建家长"互动式"实践活动平台

教育是一个有机、复杂、统一的社会生态系统,学校教育、家庭教育、社会教育共建共生,相互融合,才能不断发展并充满活力。因此,我们认为教育学在一定程度上也是一种关系学,学校通过给家长搭建"互动式"的实践活动"六大平台":校级家委研讨会、美丽班委表彰会、亲子活动研修班、家庭教育沙龙分享会、绘本读书交流群、课后服务志愿团,一方面让家长进学校,让家长办活动,通过家长智慧众筹,帮助家长学会成长,另一方面也推进学校教育与家庭教育协同育人的制度化、规范化和专业化。

(一)研讨互动:校级家委研讨会

校级家委会利用例会时间,共同研讨家庭教育中的一些共性的问题,通过研讨得出一些经验性的总结和有效的做法,然后再分享给我们的班级家委,并且由校级家委分享给班级家长。"叮咚!家委来信"就成为家长家庭教育经验和心得表达交流互助的平台。

（二）激励互动：美丽班委表彰会

每学期，学校都会给积极参与班级管理的家委召开一个表彰会，并且借助表彰的平台将他们优秀的做法和典型的案例分享给全体家长。家长们在"看见"优秀的同时，也能参与进来，朝着"优秀"家长迈进。

（三）情感互动：亲子活动研修班

每个班级的家委都会定期组织班级的亲子活动，可是亲子活动如何能做到安全有序？如何让亲子活动真正地实现提升学生整体素养并增进亲子关系？这些方案如何做，其实是很有讲究的。我们会请有经验的家长来给新生家长们进行手把手的培训，在这样的研修班里，一个个精妙的好方法、好方案会让家委受益无穷，同时激发了家长设计创作优化方案的热情，互助式的集体智慧让更多班级的亲子活动安全且有质量。有些班级，甚至将一到六年级的亲子活动做了主题式系列设计，家校协同育人品质得到提升。

（四）理念互动：家庭教育沙龙分享会

家长把自己育儿的好方法、小妙招通过分享会的形式传递给更多的家长朋友，这样的线上线下沙龙分享会应运而生。家长们可以根据自己的时间，报名学习参与、分享。

（五）阅读互动：绘本读书交流群

低年级学生的家长认为孩子小且识字不多就不需要培养阅读习惯。事实上，低年级学生的阅读习惯的培养是非常重要的，因此，组建绘本读书交流群，就是帮助低年级学生的家长关注孩子阅读习惯的培养，收获培养阅读习惯的具体做法。

（六）服务互动：课后服务志愿团

由于开展5+2课后服务之后，老师们在校工作时间比较长，原本周三全体校本培训活动也无法保证全员参与，所以学校就和家委商量，每双周三下午课后服务时间就由家长志愿团走进教室，充当临时老师，让全体老师可以继续进行校本化的研究和探讨。志愿者轮流执勤，在参与的过程中感受班级管理的不易，接近不同孩子的过程也是丰富他们对同龄孩子整体认知的一个过程。

这"六大平台"体验式的参与设计实则是创建了家校协同育人的实践机制，不仅使家长从中学到了很多家庭教育的好方法，而且使他们在实践活动中得到了自身成长的机会，也让学校教育的品质得到了整体提升。

三、学会成长，形成家长"自荐式"评价体系

对家长家庭教育的成效和对家长的自我成长是否要做评价？怎样能起到以评促进的效果？我们认为需要有评价，但评价的方式需要根据这个群体的独特性来界定。家长群体和学校组织之间的关系是教育合伙人，彼此有共同的目标但相互又是独立且自由的。如何唤醒家长成长的自觉性？我们采取了符合表现性评价特征的"自荐式评价"方式。表现性评价又被称为"另类评价""真实评价"等，是在20世纪90年代兴起的一种评价方式。它是在学生学习完一定的知识后，通过设计表现性任务，让学生完

成这一实际任务来评价学生的学习状况和在任务中的表现，对学生的学习能力和行为表现做出直接评价，有别于传统的纸笔测验。因此，用非明确的、非指标化、非数据化的评价来激发家长的自我评价，我们选择家长"自荐式"参加家校共育活动、分享育儿经验、热心学校公益等行为表现来评价。

这样的"自荐=评价"的过程性、表现性评价不会给家长带来过大压力，也鼓励一部分家长积极响应"学会成长"的倡议。这样的评价体系，让家长在情感上不排斥，在行动上困难小，且不做"一刀切"式的全员评价，用鼓励和自我表现实现自我成长，自主评价。同时，多元的、过程性的、激励式的评价也是引导家长对待孩子适应评价的一种方式。学校会给家长提供"自荐式评价"的机会和平台，让家长参与学校部分管理，走入家长志愿者的队伍，为更多的师生提供他们力所能及的帮助。

1. 自创每月一封家委来信，这封家委来信就是作为陪育师的家长或者家委们主动"自荐式评价"的一种表达。我们还有"教师随笔评赏团"，每月教师的随笔是由我们家长自愿报名来参加评赏的，给教师的随笔做点评，写几句温暖感人、鼓励的留言，不仅增进了家长和教师的感情，建立了良好的家校关系，还使家长从教师的随笔中感受到校园美好教育的故事细节，融洽的师生关系……这样"自荐式"志愿过程就是家长"学会成长"的主动作为。

2. 建立"自荐式"家长课程分享的申请机制。学校班级、校级开设的各类小微课程，家长的辅导课程，家长都可以向班主任、家委、德育处自我推荐，自主组织活动。

3. 自建"班级微信公众号"编辑组，成员也是通过自荐的方式产生。有些班级组织的亲子活动，班级班徽设计的发布，学生习作的分享都由班级公众号发布，让孩子的童年留痕，增进了班级的凝聚力和归属感。也让学校和更多的家长看到智慧和活泼的班级样态，从而进一步感染家长，启发家长。

4. 自发地组织"导师分享沙龙会"。参加陪育师课程学习的家长自发地组织"导师分享沙龙会"，自荐成为讲师团的一员，把他们所学分享给更多的没有参与到陪育师项目的家长，让这些家长也能够了解家庭教育的正确观念、看待问题的角度和具体的做法。

5. 自愿参加陪育师课程学习。为期一年的陪育师项目课程的学习机会也是通过自我报名来参加学校面试，通过的学员都是自主报名，自觉参与。

家长们"自荐式"的表现性评价，也是让家长影响家长，让榜样带动群体的润物无声的陪育成长的过程，让家长们有选择的空间，实际是赋予家长自我负责的权限。"自荐式"的评价是一种尊重与相信，能唤醒家长内在自主、自觉成长的动机。我们的目的就是希望能够唤醒家长自我成长的自主性，让家长将"学会成长"成为个人不断完善的终身事业。

苏霍姆林斯基曾经说过，要相信孩子，我们也要说，请相信我们的家长，相信每一位家长愿意肩负"学会成长"、终身学习的重任，尽可能给予我们的孩子更科学的、更适合的家庭教育。当下"家事"就是"国事"，孩子是国家的公民，期待通过立法，让我们的家长不仅能够自助式学习，更能够互助式成长。

学校在指导家庭教育的工作中，选择的路径是帮助家长自我成长，用互助式成长的方式唤醒家长终身成长的意识，提升他们"学会成长"的能力。在实施的过程中，我们发现仍有一些问题需要关注。比如在家庭中，承担家庭教育主要工作的是爷爷奶奶，这样的家庭不在少数，和孩子接触时间最长，照料孩子饮食起居，给予孩子教育影响的是爷爷奶奶。对于这一部分的家庭，学校可以做什么？他们用什么时间，什么方式来提升隔代家庭教育的观念和能力？

在未来我们设想用老人熟悉的媒介手段与老人交流，也可以请老人进校园交流，开展主题式、系列式的家庭教育指导活动，让更多的老人在家庭教育的实践中增强意识，在生活中做好榜样和示范，学会有效沟通，促进孩子更好地发展。

希望能够通过家校协同育人，彼此"学会成长"的共勉，共同努力构建可持续发展的家庭教育的好生态，为国家培养健康合格的未来有用之才。

第一章 家庭教育陪育师

好的家庭生活需要父母不断提升自我认知水平

茅剑英[1]

平等和谐的家庭关系不仅能滋养孩子的成长，还能让父母体会到养育子女的乐趣。构建这样一种好的家庭生活关系与父母的家庭教育观有密切的关系，父母的家庭教育观会直接影响父母在家庭生活中的行为，进而影响家庭生活的质量。然而，父母的家庭教育观并非与生俱来，而是要在不断的实践学习中获得。父母的自我认知水平是良好家庭教育观形成的基础，它与父母自身成长的环境、文化素养、思维方式有关。自我认知水平是在自我学习中不断提升的，正所谓"好父母都是学出来的"。

习近平总书记在2018年全国教育大会上指出：教育、妇联等部门要统筹协调社会资源支持服务家庭教育。要想提高家庭教育水平，离不开科学的家庭教育指导。家庭教育指导就是要提升父母的领悟力、格局、做人的品德和学识，帮助他们去领悟家庭教育的"道"，而不仅仅是"术"。

江苏省对于家庭教育指导工作高度重视，出台了《江苏省家庭教

---

[1] 茅剑英：苏州科技城实验小学校教育集团副校长，一级教师，苏州市中小学德育学科带头人，苏州市家庭教育指导师。

育促进条例》，苏州市政府积极推动家庭教育指导工作，出台了《苏州市中小学家庭教育指导纲要》，培育并建立了三级家庭教育指导师队伍，创建了家庭教育项目学校。苏州科技城实验小学校作为首批家庭教育项目学校，几年来，围绕家庭生活教育做实践研究，在家庭教育指导方面提出并推进"家庭教育陪育师"这一父母成长项目，给家长提供学习的机会，让家长能在指导师设计的课程活动中，学习系统的家庭教育理论，赋能于自己，通过自身认知水平的提升赋能于家庭，从而获得好的家庭生活。

"陪育"即陪伴、养育。陪伴孩子成长，陪伴同班父母一起学习成长。每期陪育师课程为期一年，导师固定、时间固定、学员固定。陪育师学员跟随导师学习专业的家庭教育理论，边学边实践，提升自己的认知水平并调整家庭教育状态。获得学校"家庭教育陪育师"资格证后，能在班级里承担家长交流咨询的工作和"爸爸妈妈聊天吧"的学习组织工作，引导更多的家长关注家庭教育，提升家庭教育观念。这种学习模式是在学校的指导和设计下，让家长帮助家长学习，让家长成长为家长的学习榜样，其核心指向是家长自我学习、自我成长、自己帮助自己。其指导理念聚焦为：认知升级、父母成长。指导原则突出：坚持"家长自助"原则。这种"自助式"学习内容设计体现"四个一"：遵循一个底层逻辑（自学是最有效的学习），聚焦一个主题（亲子沟通），建构一个学习共同体（互学互动、互为榜样），体验一年实践反思（知行合一，刻意练习）。学习的形式是"线下+线上"的模式，每月一次线下课程，每月线上提交8篇觉察反思日记。通过"学习知识+实践反思"的知行合一的学习方式，帮助家长建构复盘思维。

从 2018 年起，学校开始实践家庭教育陪育师的项目，根据课程的内容，学校家庭教育课程分为亲子沟通班、正面管教班、心灵驿站班和亲子伴读班。

经过几年的探索实践，我们发现犹如在学校生活中让学生站在校园中央一样，在家庭教育的学习中，家长同样需要站在课堂中央，学习才能真正展开。家庭教育陪育师课程内容是家长和学校共同研制的。家长导师是"自助式"学习的关键因素，课程的主讲人是有家庭教育或心理学学术背景的学生家长，这是让家长帮助家长的最核心的学习圈层。家长通过学习，将所学内容、心得分享给班级的其他家长，成为班级家庭教育的指导师，这就形成了第二层级的家长导师学习圈层。不同班级的家庭教育课程学习者又自我组合，对感兴趣的课程再度开发，共研共讲，形成了第三层级的学习家庭教育的圈层。于是他们又去组织"爸爸妈妈聊天吧"，组建"班级家长阅读群"……圈层不断涌现，形成家长自我学习、自我提升的圈层涟漪，促推家庭教育自主性、自助式模型的建构完成。

美国心理学家哈里森说："帮助儿童的最佳途径是帮助父母。"当家长能让自己不断地成长，他的家庭教育理念就会不断地去功利化，这样的家庭教育就更加贴近生活，家庭则更像家庭。生活课程也会在家庭中自然而然地生成，蓬勃生长，生生不息。学校的家庭教育陪育师项目为众多家长开启了一扇门，点燃了一盏心灯，优化了教育生态，是"家庭教育指导"可持续发展的新举措。

每个人都有自己的路

苏州科技城实验小学校学生家长　李　庆

临近期末考试，很明显能感觉崇儿的作业多了，各种小练习也接踵而来。老师们在群里的反馈也日渐频繁。我的状态就如同过山车，忽上忽下，每次都是提心吊胆地打开家长群，生怕崇儿因学习状态不好，受到老师的点名批评。

一天放学，崇儿回到家，感觉他整个人有气无力的，眼眶里还有眼泪在打转。我轻声地问："你怎么了？"崇儿一言不发。

我伸开双臂，看着儿子说："崇，妈妈抱抱你！"

他扑到我的怀里就大哭起来。哭了大概有几分钟，他的情绪慢慢平息了下来。我拉起他的手，看着他的眼睛问："你现在需要我帮忙吗？"

"需要！"他毫不犹豫地说。

"需要我做些什么？"

"我需要你帮我一起分析一下，为什么我最近的状态如此差。"

"你觉得你的状态很差吗？什么地方差了？"

"今天数学没有考好，英语也需要重新默写。"

"数学没有考好，英语重新默写，让你感觉自己的状态很差？"

"有点。"

"那你觉得达到什么状态,才能感觉自己不差呢?"

"数学这次没有考好是因为我做题不认真,出错的都是计算问题,如果我下次注意一下,成绩就能提上来了。英语是因为昨天我没有按照老师的要求完成作业。"说完,崇儿紧张的神情舒展了很多。

我接着说:"嗯,按照你刚才的分析,问题都找到了,如果能改正这些问题,是不是就不会感觉那么差了呢?"

"是的。但是我想要自己达到更好的状态,最起码不被老师批评,不被老师罚。妈妈,你说我接下来该怎么做啊?"崇儿已经在寻找"出路"了。

于是,我又问:"你觉得最近的状态很差,最根本的原因找到了吗?"

他想了想,说:"我觉得我有些浮躁。自从我被选中参加红领巾志愿者后,我觉得自己膨胀了,有些骄傲了,心静不下来,所以做数学题时,连最简单的计算步骤都出错了,而且老师布置的作业也没有用心去做。"

"嗯,那如何能让心静下来呢?"

他突然非常高兴地说:"妈妈,以后放学后,我打坐静心吧,每次 15 到 20 分钟。"

我愣了一下,突然想到在崇儿低年级时,我和他一起参加了学习《弟子规》的活动,里面有静心环节。通过打坐,关注自己的呼吸,关注自己当下的心念,非常容易让心沉静下来。但这两年我们都没有再一起练习过,没想到他竟然会想起这个办法。

我接着问:"需要我做些什么吗?"

他说:"你帮我播放冥想的音乐就好了。"

聊到这里,他已经恢复了往日的活力,又是一个能量满满的小伙子了,后面又跟我讨论了关于语文、数学、英语科目的具体的学习方法。所有的方法都是他自己想到的,只是请我做个督察员,他说自己还没有那么好的自律性,需要我从旁帮助提醒。

这次的对话结束后,每天放学回来他都会自己主动去打坐静心20分钟左右。我这个督察员从来没有起到过作用。孩子的状态明显有了很大的好转,他的笑容更多了,更乐意在静心后与我分享他的一些想法了。他的学习成绩虽然不能说是突飞猛进,但较之前更加稳定并且有了上升的势头。更为重要的是我跟孩子间的关系更融洽了。这些变化,使得原本焦虑的我现在没有那么焦虑了。

孙云晓点评

此文妙在用平等温馨的对话处理孩子在学习中遇到的问题,不露教育痕迹。尤其可贵的是,母亲能在体贴交流中唤醒孩子心中沉睡的力量,激励孩子自己解决难题,这对于孩子的健康成长具有深远的意义。

家有小"半仙"

苏州科技城实验小学校学生家长　周　彪

我经常会遇到一些比较悲催的时刻，就好比赶公交车，眼看着车子缓缓开走没追上；买个西瓜，到家打开后发现总是"白白嫩嫩"的。有一次学校的读书活动结束后，因为儿子表现好我高兴地把他抱起来，结果父子俩当众摔了个四脚朝天。儿子说，我这是"非酋"体质，说白了就是人比较"衰"。而我也会时不时地借这些尴尬时刻，给他传递一些我对于心理暗示的理解。

有一天下午学校开家长会，每到这个时候在校门口停车就成了难题。我因为来得早，车子停在了靠马路边的最内侧。家长会结束，去教室接了儿子之后，望着里三层外三层的"车队"，只能和他一起在车里等待其他家长散会。

下午四点半儿子要上英语兴趣班，看看表，唉！没办法，肯定是赶不上了，先跟英语兴趣班的老师打声招呼吧！四点三刻，车子终于开出去了，可就在这时我猛然发现轮胎瘪掉了一个。自己换了备胎，到达兴趣班的时候已经迟到了半个多小时，和老师商量了之后决定：这节课直接请假吧。

找了个汽车修理店补胎，坐着等的时候儿子终于憋不住了。

"爸爸,你说说你,真的是衰呀!"儿子说完哈哈大笑。

"那不都赶巧了嘛,我有什么办法?"我沮丧地说。

"换作我就不会这样,只能说你运气不好。"儿子认真地说。

"看你说得跟个小'半仙'似的。"我轻拍了下他的脑袋。

其实我心想,儿子说得也有理,我怎么就那么倒霉呢!可是"半仙"这词从嘴里蹦出时,我脑中突然闪过一个想法:虽说今天这些事情真的是很倒霉,可似乎是一个不错的"教育"机会呢!

于是我假装神秘地问他:"儿子,你信不信算命的呀?"

他回答:"不是很相信。"说完他一脸茫然地看着我。

我说:"那你知道以前那些算命先生是怎么给人算的吗?"

他摇了摇头,问:"他们是怎么算的呀?爸爸!"

于是我就给他举起了例子,说:"我刚刚说你是小'半仙',其实很多所谓的算命先生就喜欢自称是'半仙'。"说到这儿我故意停顿了一下。

儿子迫不及待地提醒我:"爸爸,你接着说呀!"对于一些未知的事物,儿子总是充满了浓浓的探索欲,这一点我是非常欣赏的。

我示意他不要着急,接着说:"比如有的'半仙'会告诉你,他掐指一算你最近几天要倒霉了!其实这个话里面是有漏洞的,因为我有可能不小心摔倒、丢东西、车胎被扎破,而你有可能不小心撕破试卷、打碎杯子、惹爸爸妈妈生气挨揍……凡此等等,都是日常生活中随时都有可能发生的事情。可是你如果信了'半仙'说的话,那么你就会在这些倒霉事情发生之后认为是'半仙显灵'。要是碰巧先后发生了好几件这样的事情,你就会对'半仙'崇拜得一塌糊涂,因为你会觉得他说得太准了。"

他听完恍然大悟道:"原来'半仙'玩的是这种把戏呀!"

"所以你这个小'半仙'总是说你爹运气不好,是不是该打!"

说完父子俩一起哈哈大笑,这事儿也算是讲清楚了。

第二天早上我带儿子去参加班级亲子活动,路上,遇到了一个红灯。这时候,儿子在后排兴奋地喊道:"爸爸,你知道吗?你今天有'血光之灾'呀!"

我没听明白,骂了一句:"臭小子,说什么呢!"

他嘻嘻哈哈地笑个不停:"爸爸,我现在就是'半仙',我说的'血光之灾',就是说你这一路会一直遇到红灯,每次都要停下来等。"

我说:"等就等呗,你的亲子活动我着什么急呢?"

儿子笑着说:"可是你的性子比我急呀,心急吃不了热豆腐!哈哈……"

我无奈地摇摇头,好一个"兔崽子",昨天和他说的话,今天居然就现学现卖了。而随后的路况不幸被这位小"半仙"说中了,总共十个红灯居然命中了八个。还好我已经提前做了心理准备,不然这一路红灯真的会让我进入"暴走"状态。

对于小学阶段的孩子来讲,让他们明白"心理暗示"的存在是很有必要的。因为从这个阶段开始,更多的外界评价就会向他们袭来,和成绩相关的量化指标,和行为相关的举止规范,甚至和外貌相关的颜值判定,都会化作书面的或者言语的内容,伴随着他们整个成长过程。

一个孩子是否可以变得强大,光有家庭、学校、家长、老师的支持是不够的,他必须有一颗坚强的心。而要让内心变得强大,就需要不断地汲取积极向上的能量,摈弃消极负面的情绪,不断地正视自己,而不被外界和他人所影响。

很多时候,我们会把自己对生活的一些理解讲给孩子听。那么怎样做才能给他们留下深刻的印象呢?我觉得不妨采用"情景教学"的方式,在遇到实际情况的时候,不只就事论事,还可以适当向外延伸,将"大道理"化成"小贴士"。

我们的经验对孩子来说真的有用吗?那就需要经过时间和实践的反复检验了。如果孩子听完啥都没记住,那就随他去好了;而如果某天孩子用我们教的"小贴士"反过来提醒我们的时候,我们也会有恍然大悟的感觉。小时候,我们教过的小"半仙",将来能做掌控自己命运的人。

孙云晓点评

家庭生活教育就是在日常生活中的教育,平平淡淡的生活蕴藏着哲理与智慧,本文的价值即体现于此。明明碰上了烦心事,却从容面对甚至幽默调侃,这样的父母,心态之强大能给予孩子最为珍贵的营养,甚至可能让孩子终身受益。

一张奥特曼卡片

苏州科技城实验小学校学生家长　刘成梅

工作的日子，按部就班，循规蹈矩。一到周末，家人相聚，更有家庭的感觉，更接近生活的本色。

奥特曼卡片是很多孩子的游戏道具。小区里的男孩子都在玩奥特曼卡片，他们会互相比赛并交换卡片。今年儿子生日，我送给他一张稀有的签名卡和收藏卡册，当时他抱着我说这是他最开心的一天。

一个周末，儿子突然跟我说："妈妈，我想要一张新的奥特曼卡片。"

"好啊，没问题！"我一口应允。于是，我打开购物平台，哇！104元一张啊！哪怕是一张新出的签名卡，也不至于贵得这么离谱吧？

我回过神，对儿子说："豆豆，这太贵了。我不能给你买！"

"可是我真的很想要。"他可怜兮兮地说。

"今天太晚了，那等明天再说吧。"我搪塞道。

"好吧！"

晚上，我躺在床上，心想：孩子这么小，他能理解104元到底是多少钱吗？一张卡片值不值104元？如果我同意了，他会不会养成大手大脚花钱的习惯？可是，现在的孩子好像都在收集这类卡片，如果我拒绝给他买，这背后的社交需求要怎么解决呢？我带着疑虑入睡了。

第二天一早，他又提出要买卡片，我想：是时候好好和他聊一聊了。

"豆豆，你说想买奥特曼卡片，上面画的是什么奥特曼啊？"

"我见到的两张上面都是怪兽！"豆豆的眼睛都亮了。

"如果有了这张卡片，你会不会觉得你的卡片是最多的，你是最厉害的？"

"那当然了！"

"那卡片除了让你觉得很酷，或者可以用来收藏，还可以干什么呢？"我继续不紧不慢地和他交流。

"用处可多了，可以比赛，也可以在地图上玩。我的地图上次还差点被你当成其他垃圾给扔了呢！"

"那如果没有卡片呢？你会怎么样？"

"我会觉得有点难过。"豆豆的脸色开始阴沉下来。

"那如果你现在只有300元钱了，你会用其中的100元买这张卡片吗？"

豆豆坚定地说："我想我不会。"

看到豆豆有这样的认识，我赶紧表扬了他一番，后面我们开始讨论如何正确花钱，卡片的事他也没有再提。

晚饭时，豆豆闷闷不乐，奶奶在一旁悄悄地说："今天下午和其他小朋友一起玩，就他没有那张奥特曼卡片，心里不开心，闹脾气呢！"原来如此，我明白了！这顿晚饭的气氛很明显比较尴尬。虽说豆豆白天没有再提买卡片的事，但对于我的拒绝他内心是不开心的，所以晚饭时也不愿开口与我交流，甚至连睡前的讲故事环节都交给了爸爸来进行。豆豆成功入睡后，爸爸走进了房间，调侃道："豆豆说你是个小气的妈妈！"

"拿104元买这么一张卡片实在有些不划算啊！"我躺在床上连连叹气。

"豆豆还小，没办法这么理性地权衡利弊。"

"那怎么办呢？难道只有给他买那张卡片才能解决问题吗？"

"明天周末了，带豆豆出去逛逛玩玩，说不定会有更好的办法，你也先别发愁了。"爸爸安慰道。

周末我们来到商场，原本那个一走进商场就活蹦乱跳的豆豆，今天竟一改往常的欢喜，意外地有了些许愁容。我暗想：没想到因为没买一张奥特曼卡片居然给豆豆带来了这么大的影响，这可怎么办才好呢？豆豆的沉默也让我不禁有些担忧，焦急间我们在一家玩具店门前停下了脚步。爸爸扬头表示进去看看，闲逛了一会儿，我发现豆豆好像很喜欢一个奥特曼的玩具，视线都有些挪不开了，再看看它的价格，我灵机一动：这是一个很好的转机。

"豆豆，你很喜欢这个奥特曼玩具吗？"

"嗯，喜欢。"豆豆终于有了回应。

"那妈妈给你买好不好？"

我的爽快让豆豆有些惊讶，"妈妈，你不是很小气的吗？"

我有些哭笑不得，"妈妈可不小气哦！豆豆，你瞧这个奥特曼玩具这么大，可以玩很久，只要56元，妈妈觉得很划算，愿意给豆豆买。而那张奥特曼卡片薄薄的一张却要104元，现在把它们放一起的话豆豆会选择哪个呢？"

豆豆毫不犹豫地给出了答案："妈妈，我要这个奥特曼玩具！"听到这稚嫩又坚定的话语，我和爸爸相视一笑。

后来的几天，豆豆一直很开心，奶奶说："这些天豆豆去哪都抱着这个奥特曼玩具，小区里那些孩子可羡慕了，纷纷跑来要和豆豆一起玩呢！"

问题终于圆满解决了，我也很感谢这一张小小的奥特曼卡片，它让我开始"看见"孩子的需求，并且开始带着思考去处理家庭中的琐事，"我们是如何'看见'孩子的，就决定了我们如何与孩子互动。互动触发情绪，情绪变成体验，体验积累成长"。每一次对话，每一个事情都是教育的契机，都是表达对孩子关爱的机会。作为父母，看见孩子，尽我所能去关心他，呵护他，孩子终会健康快乐成长的。

孙云晓点评

北京师范大学 20 多年的儿童跟踪对比研究发现，主动性、自制力、情绪稳定性是健康人格的三个关键要素。许多父母对于孩子自制力的培养颇感困难，而此文体现的教育智慧与艺术堪称楷模。其成功在于如何对待孩子的要求，不是简单地表示同意或是拒绝，而是在购物的实践中引导孩子学会比较，让孩子作出理性的选择，从而提高了孩子的生活智慧和实践能力。

祖孙间的争执

苏州科技城实验小学校学生家长　费咏建

下午正在单位开会,突然收到孩子奶奶的微信视频。我强行挂断后,她又发来了语音,顿时感觉可能是急事,转成文字一看:"……丢了。"一个念头突然闪现:"不好!难道是彤彤丢了?"我立刻跑出会议室打电话询问:"怎么回事?彤彤丢了?""不是,是她最喜欢的那件浅色风衣丢了,但是她就是不让我去学校找。"听得出奶奶非常生气。这时,我听到女儿抽泣着说:"我已经告诉老师了,可是奶奶偏要去学校找衣服!"哦,原来是衣服丢了。我心里的一块石头这才落地。

我悬着的心是放下了,可电话那头依然"战火纷飞"。奶奶还是坚持立刻进学校找衣服,担心时间久了找不到。可是女儿说现在各个班级都在放学中,进去找不合适,而且她已经告诉老师了……

听到她们争执不休,我赶紧安慰奶奶:"学校有失物招领处,上次咱们丢失的绿色厚外套,就是去那里找回来的。现在正是放学时间,进学校也不容易找,你们先回家吧。过会儿我和沈老师通个电话,请她帮忙操心一下这件事。"接着,我又对女儿说:"彤彤,先跟奶奶回家吧。我开完会打个电话给沈老师,让她先帮忙看一下,衣服丢了,你的心里也一定很着急,没关系,等我晚上回去一起想办法。"

晚上回到家，一看气氛不对，以往热闹的祖孙俩此刻都一言不发，表情也显得有些微妙。我只好把女儿叫到一边了解情况，这才弄清楚整件事情的来龙去脉：原来女儿下午去学校"蝌蚪"商店售卖商品的时候感觉太热，就把风衣脱掉了。刚开始衣服是搭在椅背上的，由于担心搭在椅背容易滑落到地上，她就又搭在了旁边的栏杆上。等快放学的时候，她才发现风衣找不到了，但当时又记不清到底放哪里了。最后，她主动告诉了老师，沈老师也答应会帮忙找衣服。

女儿描述时，奶奶在一旁几次想打断她说话，我赶紧向奶奶使眼色，让孩子先把话说完。孩子说完后，我肯定地说道："这件事情，你做得很好，发现找不到衣服后，没有手足无措，知道向老师求助。"接着，我又引导她想一想，"再回忆一下，衣服最有可能在哪里弄丢呢？"女儿思忖片刻，旋即开心地说："我知道了！可能落在栏杆外面了，因为我最后是把衣服搭在栏杆上的。"我表扬道："很有道理，明天一早你再去看看，说不定衣服真的在那儿呢！"随后，我又问道："万一明天在栏杆外面没有找到衣服呢？你会不会又哭鼻子？"女儿想了想说："没事，学校有失物招领处，同学们捡到东西后都会主动交过去的。在我们学校里，衣服是绝对不会丢的。"看着女儿说话时自信的神态，我很是欣慰，便顺势表扬道："爸爸觉得你真的很棒，遇到事情能够主动向老师报告。现在还能冷静回忆，而不是盲目着急，爸爸相信你明天一定能够自己处理好这件事。"女儿听到我的表扬后，开心地笑了。

看到女儿脸上"雨过天晴"，我又悄悄跟她说："其实，你的衣服丢了，奶奶比你更着急，今天你因为找衣服这件事和奶奶争执了半天，现在，你要不要对奶奶说些什么呢？"女儿偷偷瞄了奶奶一眼，跑到奶奶面前说："奶奶，今天的事是我不对，以后我一定不和您吵架了！"奶奶没料到孙女会这么说，连忙道："今天奶奶也有不对的地方，下次奶奶都听彤彤的！"看着祖孙两人"冰释前嫌"，我也长舒了一口气。

　　一场祖孙间的争执，让我体会到孩子在慢慢长大，她已经开始有了自己的思考和判断，而不是一味服从大人的各项安排，而耿直的奶奶认为自己的权威受到挑战，非要按照自己的方式去处理问题。回过头来看，好像不只是奶奶会这样，我和彤彤妈妈之前也经常这样，不让孩子把话说完，也不管孩子的想法，让孩子必须按照我们认为对的方式、方法做事情。可实际上这样做不但帮不了孩子，反而会激起孩子的排斥和反抗心理，让事情变得更糟。作为家长，当发现孩子遇到难以解决的事情时，不要着急帮孩子做决定、拿主意，要多听听孩子是怎么想的，再根据实际情况引导孩子，找到解决问题的办法。一场小小的争执风波让我明白，教育孩子，给她方法永远比帮她做决定更重要！

孙云晓点评

　　风起于青萍之末。文中所述似乎是件鸡毛蒜皮的小事，而它恰恰反映的是家庭生活的常态，正是这些琐碎的小事的处理渐渐影响了一家人的价值观，尤其是影响孩子的人格发展。本文的魅力在于小中见大，注重尊重孩子的意见，这是最有利于孩子成长的态度。

兄妹间的风波

苏州科技城实验小学校学生家长　张群琴

今天是周末,一家四口决定去逛商场。买好孩子们的物品后,安排孩子们去儿童乐园里玩,我们大人也能休息休息。刚进乐园,两个孩子你追我赶,开心极了。可没玩多长时间,两个孩子就起了冲突。

事情因乐园里的沙子而起……

乐园的一角有个玩沙子的地方,兄妹俩直奔过去,各自玩了起来。哥哥妹妹分别搭起了自己的城堡,不知什么原因,哥哥的城堡突然倒了,他很生气,看着妹妹的城堡完好无损,下意识地怀疑是妹妹干的,心里别提有多不舒服了。他抓起一把沙子狠狠地向妹妹脸上撒去,"女汉子"也不甘示弱,捧起沙子就往哥哥头上撒,就这样,两人打闹了起来。

看着他俩气呼呼的样子,我心里的火立马升腾了起来。我把哥哥拉到一边说:"不管是不是妹妹推倒你的城堡,你都不应该朝妹妹的脸上撒沙子,万一撒到眼睛里呢?"安顿完哥哥,我又对妹妹说:"哥哥先动的手,这一点很不应该。可是,你也不应该朝哥哥头上撒沙子,沙子进入头发里是很难洗掉的。"

两人虽然不吵了,但一脸的不服气像写满了"凭什么凭什么"。

顿时，我也不知道该说些什么了。回家的路上，一家四口一路无话。就这样，一场风波暂时平息了。

第二天一早，我叫妹妹起床：天哪！眼睛肿了！一定是昨天哥哥撒的沙子进入眼睛了！可怜的妹妹！"可恨"的哥哥！

我心疼地问："疼吗？"

妹妹搂着我，一脸无辜地说："嗯，疼的。哥哥欺负我，沙子都进我眼睛了，哥哥就是坏蛋，我讨厌哥哥！如果我们家里没有哥哥就好了，我不要哥哥在我们家……"

我带着妹妹在镜子前照了照。妹妹越看越伤心，又哭了起来。唉！看来还是得利用这个机会教育一下哥哥。

我竭力控制好情绪，用平和的语气把哥哥叫了过来。我对哥哥说："你看看，妹妹的眼睛这是怎么了？"

哥哥一看紧张极了，吓得不敢说话，支支吾吾地问："这是昨天的沙子撒到眼睛里了吗？怎么会肿成这样呢？"

我说："是的，沙子里有很多细菌，如果进到眼睛里的话，眼睛很可能会肿起来，也很容易细菌感染，你说该怎么办？"

哥哥想了想，说："我是哥哥，以后我要多照顾妹妹，就算吵架，我也要考虑后果，不能做出伤害妹妹的事情。作为补偿，我愿意把我的玩具给妹妹玩，她想玩多久就玩多久。另外，我每天给妹妹打架子鼓，让她心情好点。"

妹妹本来还在一旁可怜兮兮地哭着，一听这几个条件，忍不住乐了起来。不一会儿，两个孩子又蹦蹦跳跳一块玩去了。

到了中午，我看着妹妹的眼睛越来越肿，担心是细菌感染，决定带妹妹去医院检查一下。果然，医生诊断：细菌感染。医生给开了消炎药和眼药水，医药费56元，挂号费12元，一共花了68元。哥哥在一旁主动提出这个费用由他来承担。

我们一回到家，哥哥马上跑进自己的房间，拿出100元给妹妹，妹妹说："那我要给哥哥找多少钱呀？100-56-12=32元，我要给哥哥一张10元，一张20元，再加2个硬币……"就这样妹妹来来回回地算了好几遍，像是在做数学游戏一样，完全忘记了之前发生的不愉快。在一旁的我们也乐呵呵地看着。

其实，解决生活中的小风波、小问题就是孩子成长的契机，我很庆幸当孩子之间发生冲突时，并没有用简单的方式去评判、指责、处理，而是引导孩子认识自己的错误，自我觉察，自我反思，并对自己的错误负责任，我想这就是对他们最好的教育。

孙云晓点评

孩子是在犯错中长大的，如何引导孩子认识错误、承认错误并且敢于承担责任，这是家庭生活教育的重要任务，也是本文的特殊价值所在。实际上，哪个父母也不缺68元钱，能够自然平静地同意由儿子支付，是给了儿子承担责任的机会，这体现了藏起一半爱心的教育远见。

爱"哼唧"的女儿

苏州科技城实验小学校学生家长　陈　妍

从小,父母就不允许我们姐弟"哼唧",尤其是那种"哼哼呀呀"没完没了的小声哭泣,要是我们姐弟打架,谁哭就揍谁。所以我们都很"强":可以输,但绝不能哭。可人生就是这么有趣,往往你受不了什么,偏偏就让你面对什么。女儿画画的时候很喜欢"哼哼唧唧",一点小事不高兴,"哼哼呀呀"半小时都是家常便饭。每次我都很抓狂,恨不能把她丢到门外去。我想,孩子还小,等她长大一点就好了,可这样的情况一直持续到她上小学。

有一次,我看见她的书本乱摆在书桌上,就顺手帮她塞进了书包里。她进屋一看,书本不见了。翻开书包,发现摆放顺序不符合她的习惯,当下就发飙,把书包扔在地上,一边哭一边整理,任凭我怎么道歉,她就是哭个不停。谁曾想我的一个好心之举,却换来这么一出戏。她不停地哭,我的情绪也上来了,真想上前把她的书全倒在地上,书包扔到门外去,然后让她立刻、马上给我闭嘴……我感觉双手已经随时待命,准备执行了。

好在理智让我看到了这即将要放映的"预告片",我似乎看到了书包被我丢出去后,我俩战争升级,不欢而散的情景。脑海中有一个声音告诉我:"发火一时爽,后面难收场。"在愤怒的边缘及时刹车,就像有一股力量把我拎起来一样,我恨恨地后退了一大步,说:"我现在太生气了!我要找个人揍一顿,忍不了了!你赶快回屋去!不然我肯定要揍扁你了。五分钟以后我再来收拾你!"然后我又恨恨地回了自己房间,狠狠地把门摔上。

在房间里坐着刷了会儿手机,气也消得差不多了。听到外面没动静,出来一看,女儿也回她自己房间了。我很自然地走到她房间门口,刚推开个门缝,就看到门上贴着一张纸条,上面写着:"进去和出来一次,要交50元",还画了一个生气的表情。

我心里一乐,"吓"得赶紧关门,嘴里嘟囔着:"哎呀呀呀,吓死我了,要50块啊?太黑了吧!奸商啊!吓死我了,差点破产!"

她在屋里哈哈大笑。

我冲里面吼道:"你给我出来!"

她说:"你进来!"

"你出来!"

"你进来!"

……

我悻悻地说:"你以为我不想?还不是我没钱!"

我们俩都哈哈大笑。

一场"悲剧"总算有个喜剧的收场,很庆幸,剧情没有朝武打动作片的方向发展。那天,我们聊了很久,我说我很受不了她"哼唧",她说她受不了我让她闭嘴……

当然,只有童话故事和教科书里,才会有"从此以后,母女过上不吵不闹幸福的生活……"这样的结局。女儿还是会因为小事而哭哭啼啼，有时我也会忍不住发火吼她。直到有一天，我忽然意识到，受不了女儿的"哼唧"是因为那一瞬间我被重置到自己童年了。那一刻会触发我儿时的记忆，触发了那些被禁止哭泣的感受。我似乎看到了哼哼唧唧的我和大发雷霆的父母。让我受不了的不是女儿的哭声，而是哭声背后代表的"无能""差劲""没用的东西"……哭声直接导致的评价、触发的感受，才是我真正受不了的。

要避免这样的场景循环往复，需要一个暂停键。于是，我在脑海里植入了一个唐老鸭搞笑的提醒音："嘎嘎嘎！又是你最受不了的地方！你要发火啦！哈哈！"再遇到女儿哼哼，我脑海中就蹦出那个提醒音。每次听到这个提醒音，心里都觉得很好笑，也没有像从前那样怒不可遏了。总能心平气和地等她情绪缓解，我们再聊刚才发生的事情。

情况没变，我的视角变了、情绪变了，有效真诚的沟通也在慢慢展开。

现在女儿六年级，记忆里近几年好像很少再发生类似的情况。当然，也因为孩子长大了，她也在改变。

不知在哪听过这样一句话："孩子是父母的一面镜子。"父母有怎样的问题，孩子会模仿。同时，这面镜子也会毫不留情地折射出我们内心的世界。恐惧、烦恼、控制、执着……对别人不好发作的，对孩子却统统可以打着教育的名义表现出来。其实，孩子照见的恰恰是我们要认真面对的自己，要认真重新养大的自己。就像那个想通过"哼哼呀呀"得到父母关注的我，想得到关爱的小小的我，听到的却是"闭嘴，别让我听见你哭"的话语。让我一次次抓狂的，其实不只是"哼哼唧唧"的哭声本身，而是夹杂着被勒令闭嘴的委屈、对哭声背后软弱的厌恶。一天不去面对我心里那个委屈的小孩，我就一天不会坦然面对女儿的哭泣声。我可以忍着不发火、试着理解孩子的感受，我也可以从书里找到一百种面对情绪的方法。但是，当我用心看到小小的自己充满了无助和委屈，我看见她，拥抱她，感谢她，所有的情绪便都有了出口。在养育孩子的路上，何尝不是用第二次机会养大自己呢？用自己期待被养大的方式，重新把自己养大一遍，才是教育的最可贵之处吧！

如果眼前的孩子就是当初的我自己，我希望被怎样对待呢？

答案了然于胸。

孙云晓点评

家庭的本质是关系，关系好坏决定教育成败。亲子间的一场冲突能够以幽默的方式化解，显示出父母的胸怀与智慧。每一个父母在亲子冲突时都需要一个"暂停键"，这就是幸福的密码。

一块白板

苏州科技城实验小学校学生家长　王正冰

去朋友家，看到朋友专门为孩子买了一块小黑板给孩子用来记作业，每天的学习重点和重要事项也记在黑板上，一目了然，觉得很好。所以，决定也给儿子买一块！

回到家后，就跟孩子的爸爸商量，说家里有块黑板有助于培养孩子的学习习惯，咱家也买一块挂在墙上吧。爸爸听后，建议说：黑板不太好，要用粉笔，擦拭时会有粉尘，还有如果你想挂在墙上，到时候没有办法移动，我们还是买一块可以移动的白板吧。果然还是爸爸考虑周全，有道理，说干就干！下单！第二天，白板就到家了，完美！

儿子看到这么大的快递，就好奇地问："妈妈，这是什么？"

"哎呀，打开看看就知道了！"我略带神秘地说。

"是一块白板，而且是双面的。让老爸快点拼装起来，妈妈，这块白板好大呀！"儿子高兴地跳了起来。

"是的呀，给你学习用的，每天可以把作业记在上面，学习的重点呀，默写呀，还有每天重要的事情都可以写在上面。"

"嗯，挺好的！"儿子若有所思地说。

爸爸很快开始组装，不一会儿，移动的白板装好了。大家一致认为放在客厅里比较好，这样我们走来走去都可以看到上面的内容。

自从有了这块白板以后，每天的作业由我或者孩子写在上面，每做完一项就打钩一项或者擦掉一项，单词和语文句子的默写也都在上面进行。有时候为了让孩子学有动力，我就和他一起默写，一个在白板的一边，另一个在另外一边，默写完后还互换进行批改、打分。我们都觉得这块白板太好用了，不管对孩子的学习还是用作我们日常的记录。这样的"幸福"时光，持续了两三个星期。

这一天，英语作业是一张试卷，基于对他的书写规范和卷面整洁度的要求，我对孩子说："你可以先在白板上把答案写下来，检查一下对错，然后再在试卷上写一遍，这样就相当于做了两遍，而且还保证了试卷的整洁度。"他点点头，我开心地到厨房做饭去了。

半个小时过去了，我来到白板前检查作业，却发现白板上空空如也，无名火不知从哪里冒了出来，我质问道："你为什么不在白板上写一遍？""你为什么不听妈妈的话？""你知道妈妈为什么要你先在白板上写吗？"

他看着咄咄逼人的我，反问道："我为什么非要在白板上写一遍，我也没答应你在白板上写呀！"

听他这么一说，我更生气了，用力把手敲在白板上，吼道："你为什么不听话，你一开始不是已经答应我了吗？你为什么就不能听妈妈的话？"

他看到我生气的面容，听到我大声的吼叫，眼泪吧嗒吧嗒掉下来，说："我不想在白板上写，我不想写！"

看到他哭，我的心软了下来，意识到自己的声音太大了，自己没有控制好情绪，再看看自己疼痛的手，小拇指刮到白板边缘已经渗出血，食指、中指也已经青肿起来，我才意识到自己的坏脾气不仅伤到了孩子也伤到了自己。那时候的我已经不是一个妈妈，而是一个面容狰狞的"坏人"……

"妈妈，我的作业可不可以自己决定怎么做？"孩子脸上挂着两行泪水，鼓足勇气问我。

这时我的情绪已经平复了很多，也醒悟过来，一把抱过孩子："对不起，妈妈刚刚太激动了，你可以决定作业怎么做。我不应该过多干涉你。但是也想请你听听妈妈的意见好不好？"

"妈妈，没关系，我原谅你了。你的手，疼吗？"

看到孩子这时候还在关心我，我感到惭愧极了。

后来那块白板还是放在我家的客厅里，孩子有时候会在上面画画、写单词，偶尔还是会把作业写在上面，或者把磁铁玩具放在上面玩。有时候，我也会在白板上画几笔，炫一下我拙劣的"简笔画"技能，这块白板成了我们交流情感的互动平台。

在成长的路上，孩子会有很多想法，需要我们去用心聆听，家长要做的是能够静下心来倾听孩子的心声，和孩子一起快乐成长！

孙云晓点评

孩子在慢慢长大，其进步犹如嫩枝新芽，特别需要关爱和支持。这位母亲由盛怒到表示歉意，就是意识到了孩子需要尊重，而家长帮助孩子养成自我管理习惯是最好的教育。

妈妈，我"讨厌"你

苏州科技城实验小学校学生家长　春　晓

那一天，我终生难忘。收拾孩子的房间时，我发现在书桌脚下的墙壁上赫然写着"妈妈，我 tǎo yàn 你"几个字，歪歪扭扭的，还带着拼音。是的，这是上三年级的女儿在墙上的隐蔽一角写下的。

我的心一下子就像被雷电击中一样，呆立在那里。我是那么爱她，巴不得把星星都摘给她，但她却如此讨厌我。一瞬间，委屈、伤心、无助夹杂着后悔、心疼，各种情绪一涌而出，充满了我的眼眶。

我知道这个讨厌是源于辅导作业，一辅导作业，我就忍不住要发火，要大吼。这两年的辅导作业之路慢慢在我眼前浮现。

孩子一做口算我就要发飙，我埋怨她实在太慢了，30 道题要花 40 分钟，并且还要错 5 道。她速度越慢，我越要一遍两遍地罚她继续练，可是我越罚，她越慢，每天的口算练习都陷入恶性循环。

当看到孩子试卷上所犯的低级错误，或者是一错再错的题目时，我就会责骂她："天天练，为什么还出错，你说为什么？"孩子每次都被我吓得说不出话来，每次递给我卷子时，她眼神都闪过一丝恐惧。

每天练琴，只要孩子双手趴在琴键上，姿势不好看，我就会不停地纠正她，并且会加长练琴时间，她边练边哭，边哭边生气，边生气边拍打自己姿势错误的手。孩子弹琴姿势一直不对，手指早已形成记忆，要纠正肯定需要时间和耐心，然而我对她一直没有耐心。

细细回想，孩子从一开始的对抗，到后来的讨好，再到现在的默默承受，我们之间的距离已经越来越远，亲子关系也在一点点破碎。

不知什么时候开始，当我责骂她的时候，我开始不敢看她的眼睛，她的眼神里有东西，对，那就是对我深深的厌恶。我越来越害怕这样的眼神。曾经，她的眼神里只有阳光与爱，那个爱笑的她渐行渐远。

我开始深刻反思。是我一直紧盯着她，压得她喘不过气来。盯着她，美其名曰陪伴，实际上我除了骂她凶她并没有做什么对她的学习有真正促进作用的事。我都忘记了让孩子做自己喜欢的事情，她的生活里只剩下了学习与练琴。我开始重新思考：我要什么？孩子要什么？现阶段学习确实是很重要的事情，可是，学习并不是全部！

我逐渐刻意空出一些时间享受生活，泡一壶好茶，闻着茶香，翻几页闲书，报名学习烘焙，还报了一个舞蹈班。奇怪的是，多了那么多事，我却比之前沉着淡定了，时间也反而比之前多了，不再总是深陷情绪的泥潭。渐渐地，我发现我和孩子在一起的时间少了一些，距离却近了一些。

我开始把放学后的一部分时间交给孩子自己支配，她可以做自己感兴趣的事，她每天自由地翻看地球仪，愉快地玩乐高，选择自己喜欢的书阅读。虽然复习、预习，做练习题的时间变少了，但孩子的笑容多了，看我的眼神也开始变了。

周末我们一起玩陶土，一起做棉花糖，一起烘焙，一起插花，偶尔也一起刷抖音……放学回家的路上我不再催着她赶紧回家写作业，有时我们会在河边逗留一小会儿,看看水面,摸一摸河水,捡起树枝,打落几片叶子,对着突然出现在路边的一只螳螂聊很久……那一刻我们沉浸其中,感受着生活的美好……

有时候她还是会说不想去学校,因为课堂时间太长,希望上课时间跟下课时间调换一下。换作以前,我可能会说教半天,并苦恼她不爱学习。但现在我开始理解她:学习确实是件非常辛苦的事情,她有这样的情绪是正常的。偶尔我还是会声调突然上扬,但会立刻意识到,并且跟孩子道歉我没控制好自己的情绪。

渐渐地,我发现她的笑容越来越灿烂了,跟我聊的话题也越来越多,会噼里啪啦说半天,跟我说得最多的就是每天与同学之间的囧事或者老师逗乐他们的事。还常常把我当百科全书,到哪儿都在问十万个为什么。

有一天,她告诉我,她喜欢去学校。她喜欢科学课,特别是科学课上老师竟然讲到了自己喜欢的珍妮·古道尔;她喜欢外教课,外教老师总是逗得他们哈哈大笑;她喜欢体育课,小短腿的她竟然可以在400米比赛中获得小组第一;她喜欢数学课,她得意地说数学课上老师提出的问题被她包场……这一切的喜欢源于我任其自然地生长。

看到孩子的心结被一点点打开,看到孩子的探索欲越来越高,我的内心非常开心,我知道,这个热爱生活、对生活充满好奇心的孩子回来了。

孩子,我喜欢你!

孙云晓点评

　　此文写出一个奇妙的变化,母亲只是后退一步,孩子的状态明显好转,母女都有获得解放的感觉。这说明成长既需要时间也需要空间,而且父母的状态会影响孩子的状态。父母希望孩子成为什么样的人,最好的方法就是父母首先做那样的人,所谓身教重于言教正是这个道理。

关注我，变美变好看

苏州科技城实验小学校学生家长　黄珊珊

在上网课期间，我和先生商量着再买一个平板电脑，一方面能为孩子们的在线学习提供便利，另一方面也想借此机会来培养孩子们解决问题和自我管理的能力。

我们通过家庭会议在自愿和合作的前提下约法三章，明确了平板电脑的主要用途、使用规则和权利分配原则，最后把平板电脑的使用权交给妹妹，由她来练习对电子产品的管理能力。在线上学习两个多月的时间里妹妹对平板电脑的使用基本上能够做到遵守合约，自主管理。爸爸不断地肯定和鼓励她的"契约精神"，因此，复课以后平板电脑仍然交给妹妹自己保管。

一天，妹妹请我帮她给平板电脑充电，我无意中点开了相册。看到了她各种造型的自拍和美颜修图，其中还有很多视频，我好奇地打开其中一个视频，原来是她模仿美妆博主的口吻录制的。大概意思是家里的人都出去了，她一个人在家，得了空闲录下这段视频。她自曝用妈妈的化妆品美美地化了个妆，还介绍了完整的化妆流程，表述中偶尔夹杂着几个通俗易懂的英文单词，颇有一点俏皮和时尚的味道。在视频结尾她来了一句"关注我，变美变好看"……看着她那张原本稚嫩的小脸浓妆后的模样，我忍俊不禁。

第二天晚上，我把平板电脑打开给她爸爸看，他先是笑到"晕倒"，说："看来这个孩子，天性就是爱臭美。"转瞬间语气中又不乏担心："平时网上那些小视频，肯定也看了不少。"说到这里，我们不禁忧虑起来。

带着这份家长的焦虑，我跟单位里年轻的"90后"小姑娘们讨论了这件事。没想到，她们对此的反应却大不相同。

甜甜说："你看，妹妹在视频中的语言表达多么流利啊，语音语调比平时显得更自信，也更放松自在。感觉这才是她真实自我的释放嘛！"

青青也点头表示赞同："妹妹平时看起来比较内向腼腆，但这个视频跟她平时的风格真是很不一样哦……如果这个视频不是一次就录制成功的，那么她肯定重复练习了很多次，说明她对自己感兴趣的事情很有韧劲儿；如果她是一次就录制成功的，那就说明妹妹具有超强的学习力和表达力。可见兴趣的引导才是关键。"

小珊也感慨道："现在的'00后'真是幸运，网络让她们眼界更开阔，思维也更敏锐，她们在未来的创造力不可限量……"

真不愧是"90后"，听完她们的看法，我明显感受到一种差别——"90后"对网络的态度比我们更加客观和包容。我想问题的核心也许并不在于平板电脑，而在于我们看待问题的视角。

有一天晚上临睡前妹妹让我给她讲故事。突然，我想起了自己小时候的一件事，就给妹妹惟妙惟肖地讲了起来。事情发生在我十来岁的时候，当时我家的电视机还是黑白的，电视里的女演员化的妆看不出是什么效果，大抵就是眼影部分和嘴唇的颜色更深一些，在黑白电视里就是深黑色。那时家里没有化妆品，我趁爸爸妈妈晚上睡觉以后，用水彩笔在自己脸上画了黑眼眶和黑嘴唇。没想到画完以后不知不觉就睡着了，第二天早晨被妈妈叫醒，只听她大声训斥着说我脸上有莫名其妙的油彩，大概她也被我的"鬼脸"吓了一大跳。

妹妹听完，笑得捂着肚子在床上打滚，久久不能平复，直说，"妈妈，你也太可爱了"，紧接着追问道："后来呢，后来怎样？外婆有没有骂你？"

经她一问，我竟一时愣住了。脑海里那个童年的我浮现在眼前。她提醒了我，即使做了家长也要学会转换角色，设身处地体会孩子的想法和感受。孩子的天性就是爱学习爱模仿，爱美之心亦是人皆有之。没有网络的时代，孩子也会用其他的形式去探究。妹妹这个"变美变好看"的故事，其实可能是每个孩子童年都会发生的故事，只是不同年代的孩子使用的工具不一样而已。我们需要的是想办法正向引导孩子使用网络和平板电脑，而不是禁止。

"妈妈，后来呢？后来怎么样啊？"

"啊……我只记得我妈妈催我快点把脸上的油彩洗干净，然后就没有后续了。"

"就这样结束了吗？"

"对，就这样结束了。"

说完，我又愣住了。尽管这件荒谬至极的"糗事"在我的脑海里的记忆非常深刻，但是我妈妈好像就当从来没有发生过一样，后来只字不提，直到现在。以前从未想过为什么？此刻突然明白，我的妈妈，用她不加评判的朴素的教育保护了我的自尊心和自信心，就这样属于我童年的纯真回忆，被完整地保存了下来。

很遗憾，妹妹的平板电脑后来不小心落水，所有的数据都丢失了。但每次想起这件事，我都很感谢它带给我们的启示：时代在进步，技术日新月异，教育的方法也需要与时俱进，不断更新。但有的东西代代相传，亘古不变，那就是父母的爱——不加评判，正向引导，静待花开！

现在的妹妹可是家里的网络"小达人"哦。外公外婆的手机在使用时遇到困难，基本上由妹妹负责指导，每每总能赢得他们的赞叹。有一次我说起自己一直不会做表情包，平时也不好意思问别人。妹妹一边笑我落伍了，一边又按捺不住内心的古道热肠，耐心地教我步骤，看她那一副"好为人师"的自信，叫人禁不住对她满怀期待。不仅如此，她对做菜也萌发了极大的兴趣，跟着视频自主学习，极好地锻炼了倾听能力和动手能力。我们有时会在她做菜时开玩笑地给她配音："关注我，变美变好看……"

有人说网络是一把双刃剑。的确没错，但是我相信只要家长能用心呵护，智慧引导，就能尽可能多地发挥优势，减少伤害。不要担心可能会走一些弯路，每一个小错误都是迈向成功的垫脚石。

孙云晓点评

没有理解和包容，就无法处理好信息时代的亲子关系，因为孩子越超前，父母的困扰就越多。这位妈妈的高明在于相信孩子，而不是一惊一乍，更不是大惊小怪，以平静从容的态度面对孩子的成长。实际上，对孩子某些超前行为过度担心，是一种成年人的心理病态行为。

你愿意相信我吗？

苏州科技城实验小学校学生家长　郑海燕

你听过一个叫"香肠派对"的游戏吗？没错，我们家孩子很喜欢玩这个游戏。有一段时间甚至乐此不疲，我特别担心会影响他的学习。

于是，针对他玩游戏的时间，我制订了一个计划，并和孩子做了约定：每天放学回家先写作业，提高自己写作业的效率，晚上六点半前要完成所有作业。如果当天晚上八点之前自己洗漱完毕，我们可以玩半小时的游戏。为了激励他，我们还约定：如果计划的事情完成得早，愿意主动学习其他知识可以加分，这个分值可以换成游戏时间。当然，如果当天没有按计划完成学习，那么当天的游戏安排就取消。我们大家都为这个计划感到高兴，觉得这是一个天才计划。

刚开始，全家人都兴致勃勃，孩子确实也按照计划去执行。但是，一个星期后，大家似乎就没有那么开心了。我们发现计划里的内容太细致了，每一件事情完成的时间都是计算好的，好像都在赶场子。如果没有按计划完成事情，孩子急，大人更急。孩子急，是觉得今天不能玩游戏了，大人急是觉得为什么不按计划执行，一定是孩子做事没有效率！于是，晚上大部分做作业的时间孩子都在哭，大人都在吼，越哭越吼，越吼越哭，形成恶性循环。

效果不好，那就改，改什么，改规定。

一家三口坐下来重新讨论。我把原来的约定简化，只要当天晚上八点前完成作业，就可以玩游戏，把原来"回家先写作业"的条款取消，只规定如果晚上八点前没有完成作业，就取消游戏的时间。按此规定，再试行两周。

那两周，孩子"放飞"了，放学后先和同学玩，规定的时间完不成作业，当天的游戏时间自然是没有了，于是又上演了一场"哭吼大戏"。孩子一天天地惦记着玩游戏，不高兴的情绪与日俱增。大人也开始各种抱怨，"一做作业鸡飞狗跳"的日子又来了。

我思考，是什么原因让计划和安排总是失败呢？在"家庭教育陪育师"课上，"家长要关注孩子的需要"这句话让我意识到问题所在。我原来的计划大多注重了家长的需要。于是我和孩子爸爸聊了聊，讨论了一下孩子的需要。我们觉得，孩子渴望能在课余时间尽情地和同学一起玩乐，如果有同学愿意跟他一起玩会儿，那可以满足他。可能是我们大人过于执着了，孩子先玩会儿再回家做作业也不至于影响他的学习。好吧，那就再调整一下我们的约定吧。可是孩子开始得寸进尺，他提出新的要求："妈妈，我到家后可以先玩一会儿游戏，再做作业吗？"

"当然不可以！"这是原则，我要断了他的念想，让他养成好的习惯！

"妈妈，我到家后可以先玩一会儿游戏，再做作业吗？"

一连三天，孩子执着地提出了同一个要求。我也同样坚定地回答:"不可以!"

"妈妈,你愿意相信我吗?相信我一定能既玩了游戏,也能按时完成作业!"

"相信我!"三个字直击我的内心。对啊!我为什么不能相信自己的孩子?我不敢正视他的眼神,但还是坚定地回答:"不可以!"

可是,"相信我"三个字一直在我耳边回荡,让我惴惴不安。我常常扪心自问:你足够爱孩子吗?是爱他的成绩?爱你认为的听话的样子?爱你认为的"规定"行为?你愿意相信孩子吗?

回忆这两个月来与孩子的约定,我反思自己:当初的约定,我只是想用来约束孩子的行为。我并不想让他玩游戏,只是想借此条件,让孩子听我们的话。之所以不让孩子先玩游戏再写作业是因为我们不信任孩子,觉得如果他先玩游戏,就不能约束他去按时完成作业了!为什么坚持"原则"?是因为担心家长没有"原则",孩子就不会养成好的习惯,将来就会走偏……我的想法太"功利"了,完全没有了自己对孩子的爱,只有各种不信任和自以为是的"原则"。

正视了自己,"挽救"了孩子。

"妈妈,我今天可以先玩游戏再做作业吗?我一定会按时完成作业的。你愿意相信我一次吗?"今天,孩子又向我开口了。

我蹲下身子,看着他的眼睛说:"可以,妈妈相信你!"

听到这个回复他很意外,表情从惊讶变成惊喜,他大声地跟我说:"谢谢妈妈!"

我们的沟通,从此以后变得特别好。孩子主动说了很多学校里有趣的事情,回到家并没有先玩游戏,而是先帮我择菜,收拾衣服,才去玩游戏。不论是洗澡还是做作业,都会主动地去做。

"妈妈,你愿意相信我吗?"

"愿意啊!我是你妈妈,我相信你!"

孙云晓点评

没有相信就没有教育。从脑科学的角度来说,儿童放学回家的合理安排,就是先玩后学,这样才能够达到最佳效果。本文的亮点在于父母的反思和醒悟,因为终于相信了孩子,矛盾得以解决。儿童渴望得到信任,而信任是其成长的重要动力。

与"淘气包"的较量

苏州科技城实验小学校学生家长　闵　玉

接到老师的电话,说凡凡的后脑勺撞到了墙,像是肿起来了,让我赶紧过去,带孩子上医院检查一下。

我一边往学校赶,一边跟老师了解情况。原来是班里的一个"淘气包"捉弄凡凡。趁凡凡课间去上厕所的时候埋伏在墙角,等凡凡从厕所回来的时候突然出现,拦住他的去路,并略带挑衅地把他推到墙角。凡凡想要逃脱,却被一把拉回,于是后脑勺狠狠地撞在了墙上。声响很大,凡凡哭了,"淘气包"傻了,也哭了。

这个"淘气包"在班里很有名。平时就经常逗弄同学,凡凡也"饱受其害"。

我火速赶到学校,老师带着两个孩子走出校门,"淘气包"的爸爸也来了。老师和"淘气包"的爸爸见到我,立刻迎上来要说明情况,尤其是孩子的爸爸,一边十分抱歉的样子,一边就要训斥孩子。

我向"淘气包"和凡凡走去,还没开口,凡凡就急切地说:"妈妈,你不要批评他了,老师已经很严厉地批评过了。"

我笑笑,抚摸着凡凡的小脑袋,查看了一下受伤部位。确实有点红红的,但应该不要紧。我把凡凡和"淘气包"一手一个搂过来。问凡凡："还疼吗？""不疼了，就是有点晕。"再转向另一个小脑袋："没事，我们去医院让医生看看。医生知道该怎么处理。"

告别老师，坐上"淘气包"爸爸的车，直奔医院。在车上，我问"淘气包"："能告诉阿姨是怎么回事吗？"

"淘气包"低头不语，我说："让阿姨猜一猜，是不是你想和凡凡玩儿，但是一不小心用力过度，就撞到脑袋了？"

"嗯！"

"没事，我们去拍个片子看看，应该没什么大问题的。"

他点点头，原本放在膝盖上的手放松了下来。

接着我又问"淘气包"："你跟凡凡是好朋友吗？"他迟疑着没有回答。

"不是。"凡凡在一旁说。

"淘气包"脸上露出几分不好意思的神情。

"那你想和凡凡成为好朋友吗？"我继续问。

"想！"

凡凡听了明显有几分惊讶，那脸上的表情仿佛是在说："你不是一直在欺负我吗？怎么会说想和我成为好朋友呢？"

"所以，你其实是想和凡凡做朋友才总是去捉弄凡凡、逗凡凡的，你觉得这样有趣是吗？"

"是的。"

"凡凡，你觉得这样有趣吗？"

"不觉得，我觉得被捉弄很不开心，很生气。"

"你看，你希望和一个人玩儿，你觉得这样做很有趣，可是那个人不觉得好玩，而且觉得很不开心甚至很生气，这样的话，你们能成为好朋友吗?"

"不能。"

"那要怎么办呢?"

"我觉得好玩的事情,要看看别人是不是也觉得好玩。"

我转头问凡凡:"你呢?你觉得不好玩、不开心甚至生气,你有没有郑重地告诉对方呢?"

"有时候没有,有时候说了,可能他也没听见。"

"那下次应该怎么做呢?"

"下次大声地多说几次,对方就能听见了。"

到了医院,"淘气包"爸爸停车的时候,我们三个先到了急诊室服务台,跟护士说明情况。护士问:"需不需要对方赔偿,需要的话就别用医保卡挂号,要挂自费。"

我愣了一下,还没等我回答。凡凡就抢着说:"不要赔偿不要赔偿。"显然,凡凡早就原谅"淘气包"了。我为孩子的大度感到欣慰,但我想了想,还是对护士说:"要赔偿的,挂自费吧。"

说完我转身对"淘气包"说:"阿姨知道你一定不是故意想推凡凡的,但是不管怎么样,做了错事我们就要负责,就要承担,你说对吗?"

"嗯!"他乖巧地点点头。

在等候就诊的时候我们三个玩了起来,我问了一些细节之后,和孩子们玩了一个游戏。我让"淘气包"用尽全力来推我,我认真和他对抗了几秒后装作被推出去好远的样子,孩子们开心地笑起来。我假装不服输再来,再败。孩子们笑疯了。

"你的力气可真大啊。当你用上你全部的力量时,阿姨是大人都抵挡不了。所以你和小朋友玩的时候不能用手使劲推。你现在用九成的力气推我。"

"用七成的力气推我。"

"用五成的力气推我。"

"嗯，差不多用这样的力气和同学玩。你再试试看。"

然后我让"淘气包"和凡凡互相推着玩儿，让他们感受玩耍时该用九成的力，七成的力还是五成的力。让他们感受力气是可以被控制的。

最后拍片显示没什么问题，孩子们也早就又玩成一团了。我告诉"淘气包"拍片花了300块钱。

"答应阿姨，咱就从这件事情开始，自己做事自己承担，回去就用你的压岁钱或零花钱把钱还给你爸爸。你自己承担起这个责任。"

"好，我正好攒了几百块，应该够！"他很开心地说。

我向他投去赞许的目光。

"妈妈，别让他赔了，这样他攒的钱全没了。"凡凡着急地说。

"如果你弄伤了同学，要不要赔？"

"要。"

"那为什么他弄伤了你，就不赔呢？"

凡凡没话说了，但看得出来他心里还是有些疑惑。

带凡凡去买水的时候我问凡凡："凡凡，你觉得要他赔偿的妈妈是坏人吗？"

"当然不是，你一句话都没有责备他，而且你还教会了他如何使用自己的力气，这样他就不会因为力气使用不当再让别的小朋友受伤害了。"

"哟，你都看懂啦？"我用手刮了刮他的小鼻子，然后顺势亲了他一口。

紧接着我看着他的脸认真地说："我理解你的心情，你原谅他了，所以不想追究了，而且你知道对方没有多少零花钱，不想让对方'倾家荡产'对不对？"

"是的，我觉得把好不容易存起来的零花钱一下子全部用来赔偿了，好可怜，而且他也不是故意的。"

"宝贝，你能体会到别人的痛苦是非常难得的。你被弄伤了一点也不记恨，还为别人考虑，你是如此善良，妈妈欣赏你的善良和大度。但是不管他是不是不小心的，他犯下的错、造成的伤害应该要学着自己去承担后果的，承担了才会真正吸取教训。这是属于他的一次成长，我们不能剥夺。你说是不是？"

"我明白了。"这下，凡凡认真地点了点头。我知道，他听懂了。

回去的路上我问"淘气包"，从今天这件事中学到了什么？

"要正确使用我的力气，做错事要负责。还有，玩儿也要看看对方觉得好不好玩儿。"

我转头问凡凡："你呢？"

"我要学会表达自己，保护自己。"

我夸他们总结到位，送他们回学校继续上课。

后来听凡凡说，这个"淘气包"没再找他麻烦，他们还常常一起玩儿。"淘气包"还常常和他分享好玩儿的游戏。

几天后，凡凡找不到橡皮了。"妈妈，我的橡皮又没了。"

"你是吃橡皮的呀？那么大一盒，都快被你丢完了。"

"妈妈，我自己花钱买，我这个月的零花钱还没花完。"

"我不是这个意思。"

"我知道,我是觉得我要自己负责。我弄丢了东西就应该拿自己的零花钱去买。"

"哟,可以啊,那就这么办吧!"

没想到平时的小气鬼这么大方,这是那次与"淘气包"的较量所带来的改变吧!

孙云晓点评

这是一个可以作为教科书式的经典案例。打打闹闹是孩子们的一种成长方式,但发生意外伤害却可能成为悲剧之源,例如夸大责任纠缠不休往往让孩子失去朋友。这位母亲在处理过程中是极其理性的,先是了解清楚发生的事情,逐步将孩子之间的矛盾化为友谊桥梁,又让犯错误的孩子适当地承担责任,最终收获了孩子的健康成长。如果多一些这样的智慧父母,无论是家庭还是学校都会多一份和谐与幸福。

学琴父子兵

苏州科技城实验小学校学生家长　肖　锐

"茂茂，你这里的这个音不对，应该是二分之一拍，而不是一拍！"

"茂茂，老师是让你们每天回来练习30分钟的尤克里里，但是你这么不认真，练一个小时都不可能有多少进步的！"

"茂茂，你看看这都几点了，半个小时都过去了，你才弹了几遍？你现在是继续练习尤克里里呢还是去洗澡呢？"

"你今天练习又超时了，晚上可能又没有睡前阅读的时间了！"

……

这些我和孩子之间的对话都是前段时间我陪孩子练习尤克里里时的"常用语句"。每当我用这样的方式跟他沟通的时候，他都会用左手托着琴颈，将右手的手指紧紧抠在音孔的位置，用一副很无辜又很无奈的眼神直勾勾地看着他的琴谱，一句话也不说，眼神里藏着一丝害怕和不安。这样的画面在我脑海里似乎已经定格。

茂茂是在大班的第一学期开始接触尤克里里的。有一天，他放学回来跟我说："爸爸，老师说我们班有几个名额，可以在学校学习尤克里里。"

我说："那你想学吗？"

他把眼光挪到一边，犹豫着说："呃……呃……"

我见他有些犹豫，便提议道："要不你先去学学看，体验一下？"

"那可以。"他就这样同意了。

当联系老师时，老师告知我名额已经满了。我把老师的回复告诉茂茂，他听了有些失落。我鼓励他说："如果你想试一试，我们可以在外面给你找培训班，你也可以先去上一两节体验课。"

他点点头说："嗯！"看得出来他当时应该是挺开心的。

我原以为他答应了去上体验课就好了，于是给他在少年宫约了体验课，周末就可以去上课了。可这时，他居然打退堂鼓了，他说自己现在又不想学了。我没有马上回复他，而是在网上先找了一些有关尤克里里的视频邀请他一起观看。

同时我也利用洗澡的时间和他一起唱我们都喜欢的歌曲《活着》，巧的是我在网上居然找到了这首歌的尤克里里弹唱版，当我把视频分享给他看的时候，因为有了浴室的唱歌练习，他非常自然地就跟着唱了起来。然后转头跟我说："爸爸，这也太酷了吧！"

听到他说这句话，我舒了一口气说："嗯，确实挺酷的，我觉得你要是认真学，以后肯定也可以弹得非常棒，说不定还可以教我和妈妈呢！"

他笑着肯定地说："嗯嗯！"就这样，他去上了一节体验课，感觉还不错，所以我们就给他报了名！我想，不管多难，我一定要坚持陪孩子练下去。

可现实很快地就"啪啪"打脸了，在学到第三个月的时候，我们之间开始发生了冲突：他上课时经常不专心听讲，回来练琴也总是拖拖拉拉，还跟他妈妈说他不想学尤克里里了，更不想让我去陪他上课。他为什么会有这样的想法呢？我开始反思自己的陪伴方式。

又一次陪他上课，我全程只是认真地陪在旁边，尽量不去看手机，让老师去发现他做得不到位的地方，然后给他指出来，而我就静静地在一旁记着笔记。下课后，在回家的车上，我就跟他聊天，建议他给自己今天上课的表现打分，然后鼓励他说出自己认为今天做得好的地方和不好的地方，当他说出了自己做得不好的地方时，我就接着问："那你有没有什么好的办法能够把这些做得不好的地方改正呢？"

他沉思了一会儿说："我回去要把那几个地方多练习几遍，把老师弹的录音再多听几遍。"

我说："好的，那我和你一起练。"

"好嘞！"他开心地答应了。

接下来，我和他约定每天晚上八点到八点半是尤克里里的练习时间，我也改变了自己的陪伴方式。我不再像之前那样催着他去练习。有时他会自己记着时间，然后自觉地去练习，有时玩得忘记了时间，我就自己把尤克里里拿出来，开始练习上节课老师教的曲子。最初陪他一起学习的《小星星》《生日歌》之类的还比较简单，他也学得比较认真。现在的课程慢慢有些难度了，所以我学起来会比较吃力。他一听我弹得"支离破碎"的，就会跑过来说："爸爸，还是让我来教你吧！"于是我们就愉快地开始了他辅导我学习的音乐之旅。

回想以前，我只是在边上听着、看着，听他弹得对不对，看他有没有认真练习，这样的陪伴方式更像监督，他并不喜欢。而现在我会和他一起练习。有时候还会征求他的意见："要不我们先把老师弹的听几遍？"他通常会很愉快地答应。在看视频时我们一般都会跟着一起唱，接着我关了视频再陪他一起试唱。唱了几遍之后，我说："你现在能不能自己试着弹唱呢？"他一般都会说："感觉还不行。"这时我就会建议他来弹，我来唱，我们合作。他一听合作，就会觉得没那么大压力了，也很愿意跟我合作。

慢慢地我会邀请他和我一起唱，这样几遍之后，他基本上就可以自弹自唱了。平时在家里，我还时常会哼唱一些他之前学过的曲子，他只要一听到旋律，就会立刻加入进来，大声地和我一起哼唱。渐渐地，我发现他又开始喜欢上尤克里里了，在课堂上和老师的互动也更积极了。

我只是将之前的"说教"变成了主动"参与其中"，就收到了"润物细无声"的效果。孩子在一天天长大，他们对每一件事物都会有自己的想法，无论对错，都是他们对这个世界认知的过程。他们需要被尊重，而我们要做的就是提升自己的认知，与他们成为朋友，既亲密而又不相互依赖，这样的陪伴方式才是他们更喜欢的也是让他们感到更放松舒适的方式。

> **孙云晓点评**
>
> 绝大多数儿童不适合专业化学习乐器，而教者多数以专业化的方法教学，这样儿童往往因为压力过大而难以掌握弹琴技能，琴童有可能成为问题儿童。这位父亲的成功妙法在于和孩子一起学习，甚至与孩子亲密合作，以娱乐化的成功体验化解了难度。

第二章

家庭生活陪伴者

好的家庭生活需要建立高质量的亲子陪伴关系

田小秋[1]

2021年7月24日,中共中央办公厅、国务院办公厅印发《关于进一步减轻义务教育阶段学生作业负担和校外培训负担的意见》,简称"双减政策"。这一政策引起了全社会的普遍关注,不难发现,这一政策正是为了缓解日益增长的教育焦虑和促进学生全面发展、健康成长。

"别让孩子输在起跑线上"是很多家庭的座右铭,看看周围一脸焦灼的年轻父母,再看看热火朝天的早教、培训市场,就知道"起跑线焦虑"多么令人神伤。在"起跑线焦虑"中,有一种现象发人深省——家长们焦虑择校,焦虑分数,焦虑孩子在学校的表现,焦虑"别人家孩子"比自家强,却很少有人焦虑是否给予孩子足够的陪伴。有的家长认为有钱就能买到教育,于是,置孩子于不顾,拼命工作,努力挣钱,把孩子的学习交给学区房、名校,把孩子的成绩交给老师、培训班,把孩子的欢乐交给玩具、同学,把孩子的陪伴交给老人、保姆,把孩子的营养交给食堂、小饭桌……

---

[1] 田小秋:苏州科技城实验小学校副校长,高级教师,苏州市中小学学科带头人。

一位教育学家研究发现，促使孩子在学习能力倾向测试上得高分的，智商、社会条件、经济地位都不及一个更微妙的因素重要，那就是"经常与父母一起吃晚饭"。美国前任总统奥巴马的妻子米歇尔在一次演讲中说，奥巴马每晚都会和女儿共进晚餐。奥巴马自己则说，他最自豪的事不是当上了美国总统，而是在长达 21 个月的竞选过程中，他没有错过一次孩子的家长会。父母的陪伴，不但能让孩子在婴幼儿时期打下高智商、高情商的基础，更能因融洽的亲子关系让教育"入脑入心"。现实给了我们足够的教训，在学校里，"问题少年"几乎毫无例外的都有一个不够温暖的家庭。

最好的老师是父母，最好的教育是陪伴！

心理学研究表明，孩子 12 岁之前，父母主动进行的亲子活动至关重要，会影响孩子的一生。这个阶段如果缺乏对孩子足够的陪伴，孩子的世界里就会缺乏父母的形象，不利于孩子人格的形成与完善。

陪伴是什么？陪伴就是你存在于对方的心灵空间里，让对方感觉到你就在他身边，他需要你的时候，你随时都可以出现，他不需要你出现的时候，你可以隐身在他的心灵深处，让他有一种踏实的感觉。陪伴注重的是过程，一切教育结果都是陪伴的副产品。教育最终的差别，其实都是在陪伴过程中产生的差距造成的。

陪伴不是死看死守，死看死守会导致孩子的逆反；陪伴也不是包办，包办只会抑制孩子的自我成长；更不要把陪伴狭隘地理解为作业辅导，陪伴就是给孩子心灵空间提供温度和能量。只有陪伴才能打开孩子的心门，才能读懂孩子的心灵，成人才能用孩子喜欢的方式去爱孩子，才能让陪伴产生巨大的心灵能量，实现自我成长。

陪伴也能促进成人的自我成长。每一个人都需要陪伴，成人在陪伴孩子的同时，孩子也在陪伴着成人，孩子因成人的陪伴而成长，成人也因孩子的陪伴而成长。每一个孩子的现实表现都是成人的影子的折射，成人要通过陪伴孩子读懂自己，不断完善和提升自己，让自己成为孩子心目中的榜样，同孩子一起成长。

做爸爸做妈妈，不需培训，不用考试，随着孩子出生时的哭声就被催促着无证上岗，走马上任了。所以有父母这样自嘲：我虽然始终在你的生命里，但是，更多的时候却只像是一个称呼。

基于以上种种，苏州科技城实验小学校自建校以来就不断向家长们宣讲陪伴对于儿童成长的重要意义。结合学校实际情况，经过多年的探索，学校给出了陪阅读、陪劳动、陪运动的具体实施策略。给予亲子具体的"生活内容"（阅读、劳动、运动），让亲子感受生活的存在感，让父母学会陪伴，最终促进良好亲子关系的形成。

阅读对于人的成长具有重要作用，亲子共读能够激发儿童的阅读兴趣，促进儿童认知、情感、社会交往等方面的发展，更可增进亲子之间的情感交流，建立良好的亲子关系。但今天的儿童阅读往往成了"孤读"，父母也不知到底如何陪伴孩子进行阅读。于是我校开展了"伴读者行动计划"，大力推进亲子共读。

学校邀请了多位专家面向全体家长、学生，开设了丰富多彩的伴读活动。有"专家专题讲座"，介绍读书方法，结合专家的工作实际给家长们做讲座；有"伴读者工作坊"，由专业儿童阅读教师指导，共读儿童阅读理论书籍，广泛阅读童书，引导家长更好地做孩子的"伴读者"，同时也培养一批优秀的"伴读者"成为班级、年级、校级的"伴读师"；有"家长阅读社"，通过打卡程序，促进家长阅读，实现家长间的交流与研讨……

几年来，苏州科技城实验小学校涌现出了众多的"书香家庭"，建设了数以千计的"家庭书房"。陪伴在亲子共读中发生，亲子关系在阅读中改善。亲子共读成为最好的心灵教育的时刻，家里爱意流淌，彼此心灵打开，互相看见，互相听见，彼此倾诉。

苏州科技城实验小学校身处历史文化名城苏州，又位于太湖之畔，课外资源尤其丰富，学校大力支持并指导家委挖掘课程资源，在节假日开展班级亲子活动。近几年来，每学期开展的活动均在百次以上。亲子活动主题十分丰富，参观、游览、志愿服务……其中最突出的两项主题就是劳动与运动。

植树节，洒下汗水，亲子共同种下一株株小树苗，为地球再添一份绿意；端午节，教孩子学习包粽子，送给消防英雄，感谢他们的英勇无畏；夏至时节，亲子手绘折扇，给敬老院的爷爷奶奶送去一份清凉……此外，还有亲子共同徒步丈量苏州古城墙，在锻炼身体的同时触摸历史；亲子共同参加太湖马拉松，体验跑者的快乐；更有亲子运动会、亲子篮球赛……

假日亲子活动为孩子和家长搭建起了爱的桥梁，孩子们在轻松而愉悦的氛围里，身心得到全面发展，视野得到拓宽。更重要的是，家长们体验到了陪劳动、陪运动所带来的亲子关系的融洽，学会了如何去陪伴。所以，陪劳动、陪运动越来越多地走进了厨房、家庭，我们就读到了这些发生在厨房里、家庭中的生动的教育故事。

多年来，苏州科技城实验小学校提倡的陪阅读、陪劳动、陪运动的家庭教育理念逐步深入人心，深度改善了诸多家庭的亲子关系，提升了家长们的育儿理念与能力。

哈佛心理学教授丹尼尔·吉尔伯特说："十年以后，你不会因为少做了一个项目而遗憾，但你会因为没有多陪孩子一个小时而遗憾。"

因为，有一种教育叫陪伴。

一年级，这样陪读刚刚好

苏州科技城实验小学校学生家长　孙金艳

2020年9月，孩子刚刚成为学校"小蝌蚪"的第一天，语文老师给家长们公布了一项亲子阅读的计划。虽然明白阅读的益处，但是说实在的，毕竟两个大人都是工作了一天，下班后还有一堆家务，再增加亲子阅读这个"任务"，心里或多或少还是有些焦虑与不安的。

想说爱你，其实不容易

"妈妈，口头作业做完了，我可以玩一会儿吗？"孩子小心翼翼地问我。

我正在用最快的速度给她收拾着书包，听到后不假思索地说道："现在已经晚上八点多了，明天你还要上学，快点洗漱上床，还要完成亲子阅读呢！"

孩子极不情愿。不过在我不停地催促下，终于磨磨蹭蹭地上床了。

"妈妈，今天给我读一本《玛蒂娜》好吗？"孩子的眼神充满渴求。

我深深地叹了口气，孩子很喜欢这套书，这是她连续第三天向我提出了这个请求。前两天都被我用其他的绘本硬性替换了，为什么不想给她读呢？《玛蒂娜》这套书字数太多了，一本读下来至少得要20分钟。孩子开学后的半个月，光是每天辅导她的口头作业，我已经忍不住声嘶力竭地吼了她好几次。好不容易把作业写完了，也已经到了入睡时间。不管是时间还是精力上，都不想在亲子阅读上耗时太多。但是我意识到：这次我不能再直接拒绝孩子了，那样做很可能会伤害到她。

"我们读其他的绘本好吗？给你读《我的爸爸》或者《猜猜我有多爱你》行不行？"

"不行不行！我真的好想听《玛蒂娜》，妈妈，就读一次好不好？"孩子没有任何动摇。

于是，我打开手机录音，接过了孩子手上的那本《玛蒂娜学做厨师》，开始用较快的语速做概括性的朗读："孩子们好，我是你们的大厨老师，我们今天上第一课，首先大家要认真洗手，注意卫生，清洁第一。然后我们去买菜……"

刚开始孩子看到我答应她的请求特别开心，很期待地依偎在我的身旁。但是她很快就发现不对劲，着急地打断了我："妈妈，妈妈，吕多呢？胡椒先生呢？你怎么都没念到啊？"

我抖了个机灵："因为现在太晚了，他们已经回家睡觉了。"

"他们是书里的人，怎么会回家睡觉啊？你看他们都在呢。"孩子马上指着书上的插画反驳我。

我急忙圆谎："这只是他们的照片，故事里他们回家睡觉了，我们之前说好的，我读故事的时候你不可以打断我。"我继续急匆匆地往下读，这期间孩子又有几次想说话，却都被我的眼神强压了下去。

仅仅花了5分钟就读完了这本故事，我赶紧拿起手机提交打卡。抬头一看，孩子一脸的沮丧。考虑到明天还要上学，就应付般搂着安慰她，哄哄也就睡觉了。

九月的尾声，也许是孩子渐渐地适应了一年级的上学节奏。一天晚上，作业完成得比较早，过程也算得上是"母慈子孝"。睡觉前，爸爸为了奖励孩子，主动要求和孩子一起读绘本。爸爸的声音洪亮，讲得绘声绘色，孩子很快就沉浸其中了，随着爸爸惟妙惟肖地模仿着各个角色，孩子不时发出"咯咯"的笑声。看着他们这种和谐的读书氛围，我豁然开朗：原来亲子阅读还可以调节家庭紧张的气氛，我第一次感受到亲子阅读不是老师布置的"任务"，而是促进家庭和谐的润滑剂。

细细回想，语文老师说过：亲子阅读时，家长需要耐心、全情地投入，最好能变换形式陪孩子体验阅读的快乐。然而，从开学到现在，为了完成非书面作业，除了她有些不适应，好像我更加不适应——总是处于急躁和紧张的状态。而爸爸对孩子从来都没有像我这样"细致"的要求，亲子阅读时爸爸的心态是平和的，能够轻松地引导孩子进入故事本身，回到童年本来的样态。

迭代陪读，其实很有趣

第二学期开学后不久，孩子学会了查字典。当天，孩子很骄傲地说："老师说，以后我们遇到不认识的字，可以自己请教字典老师啦！"

爸爸用很夸张的语气说："哇，这么厉害的吗？你都会查字典啦？"

孩子得意扬扬地模仿爸爸说:"小意思啦,简单得很!"

我忙接上话:"这个技能学会了确实了不起哦,以后遇到不认识的生字都不用请教别人,自己就能解决了。"听了我们的话,孩子自然特别地开心和自豪。

晚上,亲子阅读开始前,孩子悄悄对我耳语:"妈妈,遇到不会的生字,你千万不要直接告诉我啊,我想自己查字典!"

"厉害!厉害!以后你会自己学习了呢!"我边鼓掌边夸奖她。

孩子喜滋滋地开始了当天的阅读,遇到了生字更是开心得不得了。我在一旁也乐得清闲。

从那天开始,亲子阅读的模式又一次进阶,我鼓励她做小老师大声朗读,我负责专心地做她的学生。朗读故事时遇到不认识的字,可以跳过,可以问我,也经常"怂恿"她自己查字典。最初,她借助拼音读完一个故事真的是结结巴巴。但是小老师愿意做朗读者,她坐着读、躺着读、趴着读、站着读,读得越来越流畅,与之对应的是她的识字量越来越多,并找到了阅读的乐趣。

孩子自主阅读的习惯逐步养成,但是亲子阅读的进阶并未达到终点。这个时候老师又提出了高阶的要求:阅读是为了提升自我。书读完了,孩子看懂了吗?她学到了什么?她有什么想法?这一波三问促使家长陪伴的方式要迭代升级,要变换面貌。于是,从阅读《一年级的小豌豆》开始,每次阅读完后我都要进行一次互动提问,有时爸爸也陪在身边。

读完故事后,我先问:"小豌豆的假发是用什么做的?"

爸爸抢答:"是用爸爸的毛衣拆了线做的。"说完他还拽起了自己的衣服。

"爸爸选手，答错扣十分！"爸爸马上表现出很遗憾的样子。

孩子纠正："不是用毛衣，是用爸爸的毛裤拆了做的！"孩子开心地拽住了爸爸的裤子。

"答对了，奖励 1 颗星！这个周末大家积满 30 颗星，就可以兑换一顿大餐或全家一日游哦！"我一边握起拳头作出加油的姿势，一边表扬孩子读书记住了细节，不简单！

"轮到我了，我要问一个很难的问题，让你们都拿不到星星，哼哼！"爸爸的样子有点迫不及待。"请听好，小豌豆化妆完成后有没有照镜子？"

"我知道，我知道，小豌豆没有照镜子，她只是觉得自己很漂亮，并没有看自己的样子！"孩子开心地手舞足蹈。

"啊呀，怎么这么难的题都没能难住你？"爸爸故意挠挠头，显得很郁闷。

"到我了，到我了。"孩子的小眼神闪烁着，"小豌豆化妆的时候，妈妈在做什么？"

"这个问题太难了，我怎么知道妈妈在做什么呢？"我摊开双手，假装不知道。

孩子马上凑上去："故事里说过妈妈在做什么的哦，你刚刚没有仔细听讲哦。扣 1 颗星，哈哈！"

爸爸："别急呀，我知道，小豌豆化妆的时候妈妈在洗澡！"

"耶！爸爸答对了！"

"耶，我答对了！"父女俩击掌欢呼。

随着一问一答模式的进行，孩子阅读时对每个故事的理解逐渐加深。某个周末，我们全家一起阅读《和大人一起读》，第一页是一个很有意思的童谣，名字叫《颠倒歌》。阅读的那天，孩子却并没有和我预测的一样开怀大笑，反而皱着眉头问我："妈妈，辣椒是长在杨柳树上吗？"

"当然不……"我话到嘴边又硬生生地刹住了。

"嗯，这是个很好的问题，我们可以一起寻找答案。"我们一起在平板电脑上打开了百度搜索寻找答案。

"妈妈，石头真的可以漂在水上吗？"孩子继续追问。

一边的爸爸马上站起来："走走走，这个问题我们要到楼下去找答案！"

刚说完，这个大顽童就带着欢呼雀跃的小家伙冲向了电梯。

……

读读停停一个多小时，孩子终于问出了那个我期待的问题。"妈妈，为什么这上面写的都是错的啊？"

我早就准备好了："妈妈也很好奇，我们一起再仔细地读一遍吧，看看能不能找到原因。"接着，我朗读时把题目里"颠倒"两个字念得很重很响亮。

孩子一下子反应过来："颠倒就是倒过来。妈妈，我明白了，原来写的都是相反的啊！好有意思啊！……"

这本书里另外有12个故事，每天阅读一个。每次读故事前，孩子都要读一遍这则童谣。边读边笑，边笑边读，意犹未尽。朗读这本书的最后一天，孩子兴致勃勃道："妈妈，妈妈，我也想了一首诗，你听听好不好玩。"

我赶紧打开手机录音：

搬 鸡 蛋

一颗大鸡蛋，一颗小鸡蛋。
蛋里有小鸡，老鼠不知道，
小老鼠，搬到家里才知道。
一只喊它爸，一只喊它妈；
真啊真啊真后悔，早知道就不搬了。
哈，哈哈，哈哈哈，哈哈哈哈！

孩子的"处女作"大大出乎了我的意料，我连忙竖起大拇指："宝贝，这首诗写得真棒，你就是小诗人呀！妈妈听了就像在看动画片一样，小老鼠被小鸡围着喊爸爸、妈妈，真有趣呢！"

阅读行走，享受生活的情趣

转眼，迎来了一年级的暑假，恰逢苏州国际博览中心举办"江苏书展"。得益于亲子阅读，这个能让孩子更多地体验书香氛围，进一步激发孩子阅读兴趣的良机，我们当然不能错过。我仔细研究了书展的活动明细，在征求孩子的意见后，选定了保林叔叔和张晓玲等作家现场交流的那天去参加活动。

孩子走进书展，瞬间就被展览里的书海吸引住了，眼里闪烁的都是惊喜的小星星。很显然，她已经喜欢上嗅图书的味道。

在浏览选购的时候，她总是上前看看这本书，又摸摸那本书，不厌其烦地问："妈妈，我喜欢这个绘本，可以买吗？"

"这一本我也想买，可以吗？"看着她期盼的眼神，真让我不忍拒绝。

我当然明白贪多嚼不烂的道理，而且有一些书还不适合她现在这个年龄阅读，所以我们商量了选书的规则和购书的册数。孩子在选书的时候，将整个展馆足足逛了两圈，在反复对比和权衡后，按照约定的规则完成了这次自主采购。

选书完成，我们就去参加保林叔叔的现场分享活动。孩子可是听着保林叔叔的故事长大的，绝对是"保林小粉"。在保林叔叔讲完《蛟龙少年科考队》故事后，孩子一下子把小手举得高高的，并提了一个相当有技术含量的问题："黑洞是什么？"我有些惊讶，没有听清保林叔叔是怎么回答的。只是在保林叔叔回答后，孩子有点遗憾地跟我说，她没有听懂。我安慰道："这个问题很深奥，不只是你不懂，连很多科学家都仍在努力研究。我相信只要你和他们一起努力，总有一天你一定能收获不一样的秘密！"孩子听后坚定地点点头。活动现场还得到了作家亲笔赠言的图书，孩子很满足，我也很开心。

回顾一年的亲子阅读，从开始的疲于应付，到现在的从容享受，经过阅读模式的迭代洗礼，孩子在成长，我们也随之进阶。亲子阅读让我窥探到了一点培育孩子健康成长的微策略；亲子阅读让我的家庭多了几分和谐、快乐；亲子阅读，让做家长的我们胸怀变得宽广，格局变得更高，思考问题的时候能够站在孩子的角度体会她的立场和感受。周国平说："一个人但凡有了读书的癖好，也就有了看世界的一种特别眼光，甚至有了一个属于他的丰富多彩的世界。"在未来的日子里，我们会继续和孩子一起读书，在亲子阅读中好好享受生活的情趣。

孙云晓点评

儿童是研究大人的专家,儿童能够听懂大人语音后面的语言,甚至从大人的表情看清大人的心态。本文讲培养孩子的阅读习惯,曲折的故事说明,父母认真投入才能满足孩子的需求,否则即使好故事也可能破坏亲子心情。

"小书虫"诞生记

苏州科技城实验小学校学生家长　徐玉良

夏日的傍晚,映着窗外的晚霞,女儿手捧一本厚厚的书正读得入神,连灯都忘记打开,嘴角不时泛起微笑,一会儿又凝神专注阅读。

女儿欣怡是个"小书虫",不仅读的书多,而且阅读兴趣非常广泛,文学、科学、历史、地理……几乎都喜欢。

这个暑假我没在家陪孩子多久,就出差去了。工作原因,我经常在外面出差,辗转于各个城市间。每到一个城市,我都会找寻当地的书店,只要能买到一本心满意足的书,所有的奔波劳累,都会烟消云散,因为阅读是我最大的乐趣。

和往常一样,这一天我正在外地一家书店"寻宝"。书店不大,一眼就能扫完所有的书籍。转了一会儿,遗憾没能寻到我喜欢的书,就在我挪步要离开时,看到角落里一套包装精美的合集,走近一看,原来是《哈利·波特》,这套书顿时勾起了我满满的回忆:读高中的时候,这套书刚出版发行,一下子就红遍了大江南北的各个校园,同学们争相借阅,我有幸看到了第一册——《哈利·波特与魔法石》。即使到了现在,还能记得其中的许多奇妙事件,回味无穷。何不买一套回去给女儿看呢?

女儿平常喜欢读的都是些童话故事书，薄薄的，文字不多，配有很多插图。她只喜欢看图，只要一看到书很厚，没有插图，基本上就不愿再读了。我很担心，把这么厚厚的一套书给她带回去，她会不会愿意读呢？

项目谈毕，我拖着沉甸甸的行李箱，仿佛丰收的农民背着满满一筐玉米，却迈着轻松的步伐行走在回家的路上。回到家，我并没有急着把书拿出来。

第二天，在女儿上学的路上，我们边走边聊。我给女儿讲了一个故事，一个关于魔法的故事，女儿越听越感兴趣，越听越想听。接下来每天早上和晚上都要我讲魔法故事给她听，期待着我快点"更新"。

一连讲了几天，我觉得火候差不多了。第四天下午，我拿出一本《哈利·波特》给她："你想听的故事都在这里，想知道后面的故事，那就自己看喽，爸爸实在记不住那么多了！"女儿接过这本厚厚的书，念了一下书名《哈利·波特与魔法石》，稍犹豫了一会儿，然后就读起来。果然，一旦拿起来就放不下了。

没过两天，这本书居然被她很轻松地看完了，然后便迫不及待地跟我述说着故事里的精彩片段，还说："爸爸，我感觉故事没讲完，还有没有续集啊？主人公才刚学会了点本事，怎么就结束了呢？"

我答道："别急，好故事才刚开始！"说完，我不紧不慢地拿出了《哈利·波特与密室》。这本书比上一本还要厚，没想到她这次一点都没有犹豫，直接抢过去就读起来了。

接着一本接一本，而且一本比一本厚，但她已经完全不在意了。大概用了半个月的时间，女儿就读完了一整套《哈利·波特》合集，共七本。

看着厚厚的一摞书，女儿说："我还是觉得不过瘾，要是有续集该多好啊！"

我说："续集是没有了，但是另外一套书跟它也有关系，想不想看啊？"

"想啊！是什么书？说来听听。"女儿急切地说。

我故意卖关子："这套书呢，叫《纳尼亚传奇》，那可是J.K.罗琳创作《哈利·波特》灵感的来源啊，她就是看了《纳尼亚传奇》，才写出了这么神奇的故事。"

"爸爸，我要读这本书！"

"好，马上下单。"

从此以后，女儿再也不畏惧书的厚度了，也不在乎书中是否有插图。

盛夏一过，天气慢慢转凉，不那么热了，也更适合到外面去走走了。一个阳光明媚的上午，我们一家人去郊游。坐上地铁，我对女儿说："考考你，你猜猜坐在我们对面的几位乘客是什么职业？有哪些爱好？"

女儿一愣："除了一个背着双肩包像学生模样的女孩，其他我都猜不出来。爸爸难道你知道？"

我笑了笑："背着背包的那个应该就是学生，因为她年龄小，还一直盯着下一个站台，生怕错过站台又得折返，学生的时间是非常宝贵的，再过两站就是大学城了，她应该很快就要下车了。旁边一个应该是健身教练，可以从他手臂的肌肉以及他的动作看出来，他时不时拉着栏杆想要把自己撑起来。另一个应该是玉雕匠人，他不断地从口袋里掏出一块半成品的玉雕在琢磨，细长的手指满是纹路，应该是经常打磨玉块留下的痕迹……"

女儿用崇拜的目光看着我,我不失时机地说道:"有一个人才厉害呢,爸爸只是略懂皮毛而已。"

"是谁?我可以跟他学吗?"女儿有些迫不及待。

"可以,他的大名叫福尔摩斯。想跟他学就要看《福尔摩斯探案集》,他会教你这个本事的。"

那天下午,我们一起去书店买了《福尔摩斯探案集》,还一并买了其他几本侦探小说。

慢慢地,女儿养成了细致观察的习惯,想象力也更丰富了。

这天,女儿正在读《神探狄仁杰》,我凑过去看了看,没再打扰她。

女儿看到我来了,赶忙拉住我:"爸爸,武周是什么朝代?以前怎么从来没有听说过呢?我只听说过唐宋元明清,不知道还有一个武周。"

"武周是一个非常特殊的朝代,它是中国历史上唯一一个由女性创建的朝代……"我耐心解释着,然后一连给她讲了好几个历史故事。

女儿带着羡慕的口吻说:"爸爸,你怎么了解这么多的历史故事啊?"

我说:"因为老爸和你差不多大的时候,就很喜欢看历史故事,比如《杨家将》《隋唐演义》啦,但是我最喜欢看的还是《孙子兵法》,很小的时候,我就想着做一位用兵如神的将军。"

女儿似懂非懂:"能不能也给我买本《孙子兵法》啊?我也很想做一位用兵如神的将军!"

第二天女儿就拿到了她想要看的这本书,当天晚上睡觉的时候,居然做起了她的将军梦。

书很快就看完了,女儿似乎觉得还缺少点什么,书中介绍了许多行军打仗的计谋,但这些将军们是怎么知道明天要下雨,明天刮什么方向的风?难道古代也有天气预报?

带着这些疑问,女儿又找到了我。"走!把书放下,带你去走走!"我带着女儿来到了郊外,这里的空气格外清爽,碧空如洗。

我指着天空说:"古代也有天气预报,只是跟我们现代不一样,我们现代是通过卫星抓取气象数据,计算机模拟计算,然后得出几个小时以后、几天以后的气象变化数据。"

"古代是怎么预报天气的?古代又没有计算机,也没有卫星。"女儿好奇地问道。

我接着说:"古代的人们通过观察大自然来判断天气,比如出现晚霞之后往往会有好天气,蜻蜓低飞就是要下雨。爸爸小时候晚上还经常数星星呢!你知道为什么吗?"

"因为爸爸想知道第二天会不会下雨。"女儿闪着亮晶晶的大眼睛回答。

我一愣:"你是怎么知道的?"

"别忘了我可是小小福尔摩斯啊!数星星肯定是跟天气有关系,爸爸你小时候那么爱玩,肯定想着不下雨了又可以好好在外面玩耍了。只是我不知道数到几颗星星才知道下不下雨。"女儿拍着小手说。

我哈哈大笑:"你真聪明。小时候大人们经常说,只要数一数星星就知道明天下不下雨。我就开心地数起来,不停地数,有几次数着数着就睡着了。但从来没有像你这么聪明,去想过'多'是多少呢?

'少'又是多少呢?"

我紧接着又说:"其实大自然就是最好的天气预报,我们只有学会观察大自然,不断地总结经验,才可以更好地利用大自然。当然,科学知识是必不可少的。爸爸打算给你订阅一份自然科学杂志,知识常学常新。我们一起阅读,读完了爸爸就带你去探索大自然,好不好?"女儿高兴地点头答应。

接下来有那么一段时间,我们跑遍了周边大大小小的山峦,女儿还做了一本厚厚的树叶标本。

一个寒冬的傍晚,在外面出差一个多月了,终于回家了。一进门,女儿就迎了上来,激动地告诉我,她现在正在读一本非常好看的书,描写的是爸爸小时候那个年代的故事,其中许多情节跟爸爸说过的故事非常相像。说完,她从屋里拿出一本书——《青铜葵花》。

我讨好地问:"能不能今晚借给爸爸读读啊?"

"当然可以,我已经读完了。"女儿爽快地说。

第二天我问女儿:"这本书我已经读完了,太美了!太好看了!有没有续集啊?"

女儿得意扬扬地说:"续集没有,不过我有曹文轩文集《草房子》系列的第一部,爸爸你想看的话只能一本一本跟我借哦!"

就这样,我和女儿在阅读的道路上一起行走着,快乐着,成长着。

孙云晓点评

  如此从阅读绘本或浅薄图书到阅读名著经典，这是儿童阅读过程的一个难点。这位父亲从讲系列故事做起，引起孩子的强烈欲望，从而顺利突破读厚重书籍的难关，可谓妙法。更妙的是引导孩子把书读活，学会观察自然与人生，不断增加生活智慧。

我们仨，每个人都不缺席

苏州科技城实验小学校学生家长　程　颖

爸爸朗读：相约饭后一刻钟

"爸爸，快点吃饭了，我已经准备好书啦！"儿子在催促爸爸。

"来啦，来啦，今天你准备读什么呀？"爸爸忙跑过来。

儿子晃了晃手里的新书："今天开始读《海龟老师9：衣柜里的女巫》！"

"啊？衣柜里有女巫？很离奇的故事嘛……"

这是我家"相约饭后一刻钟"的一幕情景。事情的起因还要从我们班的家长读书会说起——

"心诚妈妈，这一期丁老师推荐的家长读书会书目《朗读手册》，真是太棒了，是指导我们家庭亲子阅读的宝典啊。"小易妈妈说。

"是啊，是啊，我也受益匪浅，尤其是当我读到书的最后一章《父亲必读》时，感觉这简直是为我家心诚爸爸专门写的。平时，他总说给儿子朗读是妈妈的事。我赶紧把这一章推荐给孩子的爸爸。"

"哈哈，心诚爸爸会坚持吗？期待'疗效'！"小易妈妈似乎不太相信这一招管用。

我也期待着……

想不到的是,孩子爸爸竟一口气把《朗读手册》通读了一遍,然后幡然醒悟。原来,陪伴儿子最好的办法是"大声给他朗读",正如书中所说:"这本书不是教孩子如何阅读,而是教孩子渴望阅读。"从"为什么要大声朗读""何时开始(结束)朗读"到"朗读的不同阶段""朗读要领与朗读禁忌"……事无巨细的《朗读手册》给予爸爸极大的帮助。

于是,就有了刚才的一幕——我们和儿子"相约饭后一刻钟",这是我家的朗读约定。有了约定,就要共同守约。守约带来更多的惊喜。

之前,儿子吃饭习惯很不好,每次吃饭前,总要叫好几遍才磨磨蹭蹭地坐到饭桌前,有时还要一边吃饭一边玩玩具,家里最后一个吃完饭的总是他。我们想了很多办法都不奏效。自从家里有了"相约饭后一刻钟",儿子吃饭变积极了,有时还反过来催促我们快点开饭。

一个小小的朗读约定,不仅改变了孩子吃饭的坏习惯,更让爸爸知道如何"教孩子渴望阅读"。只要爸爸有时间,儿子总会坐在沙发上,期待着朗读。这样的情景实在太美好了!

"放屁、放屁、我们排队出去放屁。袜子屁、鼻涕屁、马桶牙刷屁、土豆萝卜屁、乱七八糟一大堆屁……"爸爸一边读,一边忍不住笑,再看看儿子,在地上打着滚笑。看着笑翻了的父子俩,我也乐坏了。饭前还因为要不要买最新款的乐高而闹别扭,这会儿却在作家彭懿的图画书《我用32个屁打败了睡魔怪》中乐翻天。

实践再次告诉我们:能让一个孩子安静下来最好的办法就是给他朗读,能让一个孩子爱上阅读的最好办法就是给他朗读,能改善亲子关系的最好办法还是给他朗读。就如我一遍遍朗读的史斯兰克·吉利兰的诗：

> 你或许拥有无限财富，
> 一箱箱的珠宝与一柜柜的黄金。
> 但你永远不会比我富有，
> 我有一位读书给我听的妈妈。

妈妈聊读："一粒种子"的启示

"妈妈，妈妈，你说为什么只有农夫的种子开花了？"儿子不停地想问个究竟。

"你想一想，国王、富翁、商人他们和农民栽培一粒种子的方法分别是什么呢？"

"妈妈，这个国王太爱炫耀了，这个富翁太没耐心了。"

暑假里，我与儿子共读叶圣陶的童话故事集《稻草人》，其中有一篇叫《一粒种子》，激起了儿子的好奇心。我们一边阅读一边讨论：

"凡是看见它的人，没一个不喜欢它。听说，要是把它种在土里，就能钻出碧玉一般的芽来，开的花呢，当然更美丽。"于是这粒种子开启了自己的"人生之旅"。我们画出了这粒种子的旅行路线：国王的宫殿—富翁的白金银缸—商人的商店旁—士兵的军营旁—农夫的田地。

是啊，国王、富翁、商人和士兵都曾用心栽培，但种子都没有钻出碧玉的芽，更没有开出美丽的花。最后，种子却在农夫的田里长出散发着奇异芳香的花儿。

"农夫是怎么做的呢？"我问儿子。

儿子投入地读起来："他看见种子掉下来，说：'呀，真是一粒可爱的种子！种上它吧。'就用锄头刨了一个坑，把种子埋在里边。他照常工作，该耕就耕，该锄就锄，应浇就浇——自然，种那粒种子的地方也一样，耕、锄、浇，样样都做到了……"

"妈妈，我明白了，农夫是最了解种子的人，他知道种子需要什么。这才是真爱呀！"

我很欣慰，儿子的小脑袋里，装着"了解""真爱"，还有更多我意想不到的东西。如果没有此时的对话，我又怎么真正了解他呢？

我们一起读出了种子生长的秘密。故事中的国王、富翁、商人和士兵都比农民付出了更多的心思，却培育不出健康的种子来，等不到开花结果。而农夫仅仅刨了个坑，照常工作，看到开花也只是"透出平和的微笑"。在截然不同的对比中，我们感受到培育一粒种子开花结果其实只需要平常心的护理，平和心的守护。

儿子在一粒种子的成长故事中甜甜地睡着了。

我不禁陷入沉思：教育何尝不是这个道理啊！家庭教育也恰如农民这"平和的微笑"，这才是那粒种子盛开的阳光雨露。叶圣陶先生不仅是作家，更是大教育家。这个故事是写给孩子的童话，也是写给家长的寓言。

愿我儿在今后的人生中能悟出《一粒种子》成长中平和的力量，自然地生长。

儿子抗议：我的阅读我做主

"你总是看这些没营养的书！"看到儿子又拿起《米小圈漫画》，我有些气急败坏地说道。

"你总是让我看我不喜欢的书！"儿子大声提出了抗议。

最近，我家的书房里充满火药味。随着儿子识字越来越多，他开始自己选书，比如《米小圈漫画》。他的理由很多：我身边的学霸同学都读米小圈！丁老师从不反对我们读米小圈！漫画就是写给小孩子看的，为什么不能读？……

我想让他读的书他可能不喜欢，他喜欢读的书我大都看不上眼。这到底是怎么啦？怎样化解这不可调和的家庭阅读矛盾呢？我很苦恼。

记得《朗读手册》中专门有针对自由阅读的指导，在它的《持续默读：朗读的最佳拍档》一章中说："朗读有许多目的，最主要的目的是激发孩子为了愉悦而去自主阅读。"这句话深深触动了我。

是啊，让孩子自己挑选他们想看的书，就算那些书达不到你的高标准，又怎么样呢？自行选书，自得其乐才是最重要的。明白了这个道理，接下来的问题迎刃而解。我和儿子的交流顺畅多了。

"妈妈，我能买这套《植物大战僵尸》吗？"儿子小心翼翼地试探我。

"可以啊，只要你喜欢读，就没问题。"

"太好了，谢谢妈妈，你真好！"显然，儿子感到很意外。以前想买这类书，我是不会爽快答应的。回到家，儿子迫不及待地翻开书。

我加了个条件："儿子，读这套书时，我们设定一个固定的时间阅读行吗？"

"好啊，我听妈妈的。"儿子愉快地答应了。

我们乘兴约定，每天完成家庭作业后有 20 分钟自由阅读时间，可以看自己想看的任何书。不过，一定要守时哦。

于是，家里的书架上有经典绘本，也有漫画笑话，有深奥科普，也有浅显故事，当然也少不了课内指定的阅读书目。

儿子每天放学回到家，一想到自己的自由阅读时间，完成家庭作业的效率就更高了。每当看到他沉浸在自己的持续默读中，我也很享受这份愉悦的自由阅读时光。

我们家，我们仨，各就各位，各尽其职，组成了亲子阅读的"铁三角"。我坚信，我们和儿子一起读书，在他的童年播下阅读的种子，这种子定会慢慢生根、发芽，形成一种温柔而持久的力量，伴着孩子幸福成长。

孙云晓点评

儿童阅读快乐第一，这是尊重儿童的体现。文中的父母之所以创造出愉悦的阅读氛围，就是尊重了孩子的选择，调动了孩子的积极性。当然，渲染色情与暴力的读物应当禁止儿童阅读，而这是在选购或借阅环节就可以解决的问题，即使儿童偶然读了，也可以与孩子讨论并加以正确引导。

"骑"乐无穷

苏州科技城实验小学校学生家长　张小伟

我有一个大头儿子，名叫"曦曦"。人如其名，他阳光开朗，是个名副其实的小男子汉，所以大家都叫他"曦哥"。"文明其精神，野蛮其体魄"，让身体和心智一并健康成长，是我对曦哥成长过程的期待之一。

自"阳光体育运动"号召提出后，"每天锻炼一小时、健康工作五十年、幸福生活一辈子"的口号唤醒了大家，体育锻炼开始和孩子们紧密联系在一起，多元的体育运动也从课堂走向了家庭，走向了社会。当家庭与运动联系起来时，亲子运动就应运而生了。我和我的爱人都是小学体育老师，平时就很注重与孩子之间的互动锻炼，亲子运动不但增强了我们一家人的体魄，塑造了我们坚韧的意志品质，而且增进了亲情。与其说是陪伴孩子运动，不如说是我们共同运动，相互陪伴，共获健康。亲子运动已经成为我们业余时间的必修功课，也成了我们与孩子快乐运动、愉快交流的重要环节。渐渐地，我们的默契值提升了，一个手势、一个眼神便能感知对方的想法，就这样我们成为心有灵犀的父子俩。

曦哥刚上幼儿园的时候，在小朋友当中年龄偏小，但运动能力却超过很多小朋友。我记得,他幼儿园学的第一项运动是拍篮球。那个时候,他个子不高,有点瘦弱,但是却牢牢地将篮球控制在手中,上上下下,好不自如。渐渐地,他学会的运动项目越来越多,如跳绳、立定跳远、游泳、轮滑等,样样都能熟练掌握。有一天,他跑过来,拉了拉我的衣角说:"爸爸,我想要一辆自行车。"我点了点头,当时我心里想的是:哟,小孩长大了。过了几天,我便买了一辆小自行车,后轮上带有两个小辅助轮,不容易摔倒。他看着小自行车,迫不及待地在小区内骑了起来,很有运动天赋的他骑得娴熟自得。

在辅助轮的帮助下,曦曦骑得如鱼得水。他开始提要求,问我是否能卸掉后轮上的两个辅助轮。我被这个小家伙突如其来的想法惊讶到了,要知道他坐在车座上,脚勉强才能碰到地,他能行吗?于是,我就问他:"为什么要卸掉后轮呀?"他说:"因为那样,爸爸就可以跟在我后面,扶着自行车,陪着我啦!"一瞬间,我的鼻子一酸,无言以对,反思自己是不是对曦哥的陪伴太少了。若有所思的我拿起扳手将两个辅助轮卸掉了。

当我刚想说什么的时候,曦哥就已经扶好自行车,准备骑起来。只见他一只脚蹬了上去,另一只脚还没上去,就因为重心不稳,倒下来了。我刚想去扶他,却看到他已经咬着牙爬了起来了。再试一次,一只脚上去了,另外一只脚还是一样,没有上去,又摔下来了。这一次,他一下子人仰马翻,重重地摔在地上,屁股可遭殃了,我见他那狼狈样,觉得又心疼又好笑。他又一次站了起来,眼泪在眼眶里转,嚷嚷道:"不骑了!不骑了!"我走过去,拍了拍他身上的土,告诉他不要急于求成,骑自行车是终身技能,可不是一天就能学会的,要有耐心,慢慢来。同时,我主动提议:"爸爸可以帮你扶一下自行车。"

自行车很矮，我要把腰弓得很低才能扶着自行车后架，本身我就患有腰椎间盘突出，偶尔会腰疼。但看着曦哥期待的眼神，我毅然坚持着。我感觉他骑得很稳，应该可以放手了，就悄悄松开了手。他似乎感觉到了不一样，一回头，手一抖，摔到地上了。这次他并没有哭，但从他慌乱的神色中，我能看出他有些许恐惧感。

我决定和他谈一谈，我们并肩而坐。

"骑自行车开心吗？"

"很开心，我很喜欢骑自行车。"他肯定地回答。

我又问他："敢于尝试自己骑吗？"

他说："爸爸的手一松开就会摔倒。"

"你觉得在没有爸爸的帮助下，怎样才不会摔倒？"

他说："不知道，但还是想要爸爸的帮助。"

我深吸一口气，说道："没问题，爸爸会一直保护你，但为了让你学会独自骑车，在骑的过程中，爸爸会渐渐地松开手，骑自行车需要你很勇敢。你敢挑战一下吗？"

他坚定地点了点头。检查一下护具，又骑了起来。

接下来，曦哥更认真地听我指导。慢慢地，自行车在加速，等到达一定的速度，那只脚就放在踏板上。几次下来，曦哥逐渐熟练起来，他使劲往前蹬，双手紧握车把，越骑越快。曦哥大声地欢呼："原来骑自行车这么容易呀！"

突然，前面出现了一块石头，他紧张极了，一个急转弯，车把的方向和脚部的力量没有控制好，曦哥又一次重重地摔了下来。这次，他立刻爬起来，扶起自行车，他没有回头看我，而是重新稳稳地扶好车把手，又专注地看着前方的路，继续骑了起来。就这样，曦哥学会了骑自行车。

"陪伴是最长情的告白"。人到中年,工作压力大,回到家就不想动,陪伴孩子的时间相对较少。但每每曦哥邀请我一起骑自行车时,我都会欣然答应。有时候我们在小区里骑车,有时候来到公园里赛车专用场地一显身手。通过陪伴孩子运动,我也克服了自身的惰性,拉近了与孩子之间的距离。我在陪伴孩子的过程中也缓解了工作中的压力,整个人变得轻松快乐起来。在运动过程中,有了家长的示范和指导,孩子的运动经验更丰富,既在心理上得到满足,又体会到了运动的乐趣。亲子运动成了沟通家长和孩子之间感情的重要方式。

孙云晓点评

儿童有无限的兴趣探索世界,只是在遇到挫折时可能会不知所措甚至有退却的想法。这位父亲的非凡之处在于,在陪伴中与孩子一起克服困难,并且体验到成功的快乐。陪孩子运动既是父亲的优势更是父亲的天职。

足球二三事

苏州科技城实验小学校学生家长　刘　霞

啸啸一年级暑假时，世界杯热播，自此之后，小伙子爱上了足球并一发不可收拾。一路走来，有快乐也有泪水，幸运的是足球给我们展现了一个丰富立体的世界，给了我们全家不一样的体验和成长。

抢 社 团

二年级刚开学那几天，学校新学年的社团活动启动了。有一天，啸啸跟我说："妈妈，我要踢足球，我想进校队，今年的社团我要选足球。"

"确定？"我问。

"确定！"

"好的。"

过了一会儿，儿子略有担心地和我讲："妈妈，足球、篮球社团最抢手了，人员也有限。万一抢不到怎么办？"

"哦，是吗？那我们怎么办呢？有没有什么办法。"我边思考边问他。

他认真地说："我们得准备好，一到点就抢！"

"万一有事忘记了怎么办？"

"看来我们还得定个闹钟，妈妈。"儿子一副志在必得的样子。

爸爸也凑过来问道："好，抢的时候人多网络卡顿怎么办呢？"

"我们提前把网络检查好，用最快的手机上网。"

爸爸接着说："好主意，我用 4G 上网。但输入姓名、密码就要花 5 秒钟，估计就被抢完了。"

"我们提前把名字、密码存起来，到时候直接粘贴过来。"

"太好了，咱们做好准备。"我拍拍他肩膀。

有了这些讨论、准备，我们顺利抢到了向往已久的足球社团。

生活中看似简单的小事，鼓励孩子一起想解决办法，"凡事预则立"这样的大道理就体现在生活的一点一滴中。

训　练

有一天晚上，从球场接啸啸回家，远远地看着他一瘸一拐地向我走来，我心里一紧，见到他就担心地问："宝贝儿，怎么了？受伤了？"他淡定地指了一下膝盖说："妈妈，擦破了一点皮，别大惊小怪的。"我一看膝盖上被擦破了好大一块，又红又紫，心疼得不行，不过到嘴边的话还是咽肚里了。

自从踢球后，啸啸变得更加勇敢了。每次他受伤的时候，都会反过来安慰我："妈妈，不能因为吃饭噎到了就不吃了吧？运动中受点小伤很正常啊。"

平时放学后校队集体训练，晚上 6 点半才能回到家，写家庭作业的时间很短。这也是大部分踢球孩子父母纠结的问题。此刻，是放弃足球，还是迎难而上找到解决问题的办法？爸爸和我希望：啸啸能想办法解决问题,而不是轻易放弃。但是我们不能替他做决定。

一家人晚餐时,我们跟啸啸商量:"啸啸,现在因为参加足球训练,回家晚了,作业也做得很晚,你看……"

"哦,妈妈,我知道,足球肯定是要踢的。"

"那……"我欲言又止。

"妈妈,白天有自习课,我可以先做一些作业,这样晚上会轻松些。"

"哦,太好了,你已经在想办法了。"

"妈妈,晚上写作业我还可以快一点,我发现只要集中精力,20分钟可以做很多事情。"

"哦,那妈妈负责提醒你休息,作业20分钟,得休息10分钟。"

"好。妈妈,你真好。"

"啸啸,你能为热爱的事情,想解决办法,真好。"爸爸拍拍他的肩膀开心地说。啸啸开心地大口吃饭。吃完饭他便迫不及待地跑回房间写作业,爸爸和我相视会心一笑。

事实上,他确实做到了高效率完成家庭作业,两年多来,从没有因为踢球耽误写作业。每天将近两个小时的高强度训练,啸啸很累,但是在问他要不要继续踢足球的时候,他总说:"自己热爱的事情不累,足球是我的朋友。"

比 赛

2021年参加苏州市青少年足球俱乐部联赛,啸啸所在球队被分到超级乙组,对手都是强队。

开场前,我对啸啸说:"儿子,加油!尽力就好。"

"不，妈妈，上场就拼了！"啸啸说完迅速跑到裁判处就位。哨声一响，比赛开始。这次比赛，啸啸踢中场，既要带领队友组织进攻，又要做好防守。

比赛进行到一半，对方已经进了两个球，孩子们有些泄气。此时，啸啸的注意力依旧高度集中，一个高球过来，他迎球而上，用身体顺势停球，带球往对方球门冲去，对方防守球员来抢球，啸啸用身体扛住，勇敢对抗，护住球的同时寻找队友，见机把球传给自己的前锋。前锋拿球，果断射门，一切都在瞬间发生。小伙伴们相拥欢呼，满血复活。

"回到你的位置""往前压""顶上去"……场上他和伙伴们不停地在呼喊，教练也在球场边大声指挥"上身体""看队友""相信队友""脚下要处理干净"……

对手间的碰撞，队友间的信任配合，球场上的位置判断。不到最后，胜负难定。大家坚持不放弃，最终将比分追平。

经过一次次的比赛锻炼：啸啸从见高球来了弯腰就躲，成长为迎球而上；从不敢对抗，到现在能勇敢去抢断；从在场上只知奔跑，到现在能高度集中注意力，做到掌握自己的位置和跑位；从输了比赛垂头丧气，到现在能冷静地听教练复盘，总结如何进行针对性的练习和提高。当输赢变成了常事，孩子变得更加坚毅。想踢球就要遵守规则，比赛时尊重教练的作战安排，尊重裁判的权威。我想这是足球带给孩子们的人生必修课。

陪 伴

啸啸爱踢球，能持续踢球，离不开爸爸的陪伴。每个周末去园区训练，将近一个小时的车程都是爸爸接送。去训练的路上，车就是我们移动的家，爸爸开车，我听音乐，啸啸听《三国演义》。听到兴致处，啸啸会跟爸爸讨论三国人物。训练时，爸爸仔细观看，训练结束后，我承担开车的任务，啸啸在后面边换衣服，边跟爸爸讨论刚才哪个球传得好，哪个射门射偏了，今天教练教授的要点是什么，回家要进行什么练习。路程虽然远，但也是一家人温馨的相伴时光。

自从踢球后，亲子阅读更多是在父子间进行。啸啸喜欢跟爸爸一起阅读，爸爸的阅读完全是出于兴趣，没有功利心，就是喜欢。因为爸爸喜欢打篮球，爱看《灌篮高手》，啸啸就跟爸爸一起看。饭桌上，散步时，父子俩会讨论流川枫和仙道的差异在哪里，会讨论一个球队的灵魂人物具备怎样的品质和能力。我就在边上静静地听着，也很享受。后来为了啸啸的足球爱好，爸爸专门买了《足球小将》给啸啸。接着父子的话题就是蝴蝶球、电梯球了，比赛中大空翼不放弃，拼到最后等。我依旧静静地听着，偶尔说句外行话，引来他们父子俩一阵"嗤之以鼻"的笑声。

生活的味道，家的味道大抵在这每天的陪伴中了。

孙云晓点评

体育锻炼绝非只是让人四肢发达，其本身是一种高效能的综合性教育，如可以培养孩子顽强的意志，遵守规则、崇尚荣誉的意识及团队合作精神等。所以，北京两位名校长感叹说："体育是第一学科""运动是看得见的德育"。文中父母支持儿子踢足球是具有胆识与远见的，儿子在艰苦磨炼中顽强成长也证明了运动的特殊价值。

我愿陪你一起奔跑

苏州科技城实验小学校学生家长　肖　锐

这两天朋友圈又开始报名"山林跑"了，这应该是第三届科技城山林跑了吧！

之前两届总是因为各种事情没能参加，这次我可得抽空带茂茂去体验一下参加集体活动的乐趣。

我下班回到家，为了引起他们娘俩的注意，故意提高了嗓门喊道："来来来，我有件重要的事情要跟大家商量一下。"

妈妈和茂茂正坐在客厅聚精会神地玩飞行棋呢，见我进门，竟然头也没抬，就只是弱弱地问了一句："什么事啊？"

"咱们科技城的山林跑又开始报名了，这次有5公里家庭组，名额有限，据说报名家庭组的人还挺多，咱们家要不要也报名参加？"我接着说道。

茂茂对5公里没什么概念，但一听是跑步比赛，立马就来劲了，因为他一直认为自己跑步比较厉害。

"好啊，好啊，爸爸你赶紧给我报名，我要参加跑步比赛。"茂茂第一个喊道。

妈妈对跑步明显没什么兴趣，她把目光从棋子上挪开然后转向我说:"这5公里也不少呢!有从咱们家到我上班的地方那么远了,这一路小跑下来也怪不容易的,至少要40分钟吧!"

我见妈妈有些打退堂鼓,要是茂茂再受她影响,那我的计划就落空了。我想,我得尽可能先把茂茂"拉拢"过来,让他和我保持"统一战线",这样我就有优势了。于是我看着茂茂说:"咱们可以试一试,跑不动了就坐下来休息休息,也可以带些吃的喝的,及时补充体力。"

妈妈还是有些犹豫,这时候茂茂居然提议举手表决,哈哈哈……结果就不用说了,二比一,我们胜利了!

开赛的前一天下了小雨,但比赛那天却是个多云的好天气,很适合跑步,真是天公作美。

我早早地准备了一个运动双肩包,在背包里准备了水、香蕉、奥利奥饼干、巧克力等吃的喝的,还有备用的纸巾、创可贴、棉签和碘酒。

茂茂有些兴奋,早早地就起床了,这是他第一次参加这样大型的户外集体活动。我们都穿上了组委会派发的订制T恤,胸前别着各自的号码牌,茂茂的参赛号码是"5280",他说他喜欢这个数字!

我们把车停在了附近的停车场,然后来到了起跑点。起跑点旁边有一个很大的舞台,赛前还有一些文艺演出。动感音乐响起后,专业的健身教练带着大家开始做赛前热身运动,茂茂在人群中有模有样地跟着做,认真得不得了。

比赛即将开始,广播里喊着倒计时:"三、二、一!"啪!一声发令枪响,大家都拼命地朝前跑去。我们被拥挤的人群带着也冲向前去,茂茂跑在我们前面,因为他个头小,可以自由地穿梭在人群中,我和妈妈担心他一个人跑远会不安全,所以也紧紧地跟在后面。我笑着对妈妈说:"你看,你看,你儿子体力多好,你还不想让他来参加呢!"

"你等一会儿再说!"妈妈白了我一眼。果然,知子莫若母,1公里还没到,茂茂就开始掉队了。

"爸爸,这还有多远啊,我们还要跑多久才能到终点啊?我都快跑不动了!"茂茂开始抱怨道。这样的情况其实早已在我和妈妈的意料之中。

我跑过去拉着他的手,一边把速度减慢,一边说:"我们已经跑了快有一半的路程了。"我递了块巧克力给他,他坐在路边的石阶上吃了起来,吃完巧克力又吃了几块奥利奥饼干,又喝了些水。

为了让他不失去积极性,我在边上不忘夸奖了他一句:"你前面怎么跑得那么快,一直把我和妈妈甩在了后面!"他听了挺高兴,说:"我肯定比你们跑得快啊!"然后拉着妈妈说:"走,咱们出发!"

就这样我们拉着他走走、停停、跑跑,又坚持了2公里。他的头发已经渐渐被汗水浸湿了。他跑累了坐在路边休息,我把纸巾递给他,示意他自己把汗擦一擦。他擦了擦汗,有些不高兴地嘟囔道:"我以后再也不来参加这样的跑步比赛了,太累了,这路也太远了吧!到现在都没看见终点在哪里!"

我蹲下来用欣赏的眼光看着他说:"宝贝,你知道我们跑了多远了吗?"

他抬头看了我一眼,问道:"跑了多远啊?"

我用一种吃惊的语气说:"我们都已经跑了4公里啦,还有1公里我们就到终点了!"

他低着头,一边摆弄着胸前的号码牌一边慢悠悠地说:"可我一步都不想跑了。"我俯身坐到他的旁边,指着前面不远处的那个拐弯处说:"1公里大概就是拐过这个弯,终点就在前面的山脚下,那里有很多彩旗!"茂茂一听,立刻起身朝前面跑去,等我和妈妈反应过来他已经跑出去10多米了。我们赶紧收拾背包,追了上去。

果然,在那个拐弯处,我们就看到了终点线,很多彩旗正迎风飘扬,还有五颜六色的气球。站在半山腰朝终点望去,山下大片的青草地绵延开来,像一条绿油油的毛毯铺满了山间,一直绵延至远处的公路。清凉的山风夹杂着雨后泥土的气息扑面而来,让你瞬间觉得轻松了许多,心情似乎也变得愉快起来了。茂茂撒开腿,开心得像一匹脱缰的小野马一路飞奔冲下山去。

茂茂开心地拉着我们的手,又蹦又跳地喊着:"喔!我们完赛喽!我们完赛喽!"

这一刻没有人在意我们跑了第几名。我想,此刻在他的心里除了快乐和兴奋,肯定还有自信和自豪。因为他战胜了自己,完成了挑战,最重要的是最后顺利到达了终点!

我们开心地在终点合影留念,领取了完赛证书,让我们没想到还有意外收获:完赛的运动员竟然还可以领取免费的饮料和一大块面包。在回来的车上,茂茂一手拿着饮料,一手拿着面包,咬了一口跟我说:"爸爸,下次再有这样的跑步比赛,你一定要再带我来好不好?太好玩了!"

"好嘞,只要你愿意,下次爸爸一定还带你来参加!"我笑着点头答应道。妈妈在一旁也笑了起来!

孙云晓点评

儿童之所以不愿意运动，是因为运动意味着汗水与劳累，甚至可能发生令人意想不到的危险。作者是一位充满爱心与智慧的父亲，他如实写出儿子遇到困难时的沮丧，也写出如何引导孩子看到希望，最后以成功的体验让孩子愿意坚持运动。这位父亲的经验特别值得广大父母借鉴。

我不让你报名

苏州科技城实验小学校学生家长　陈利群

有一天夜色正浓，小区里左邻右舍的窗里飘出来的都是饭菜香味。此时，儿子同学的妈妈打来语音电话，提醒我群里正在接龙报名长绳比赛，问我要不要报名。我心中一喜，很是激动，跳长绳的记忆于我是非常愉快且珍贵的。我小时候，还没有互联网，新奇的玩具也很少见。村里玩的东西很少，最开心的就是跳长绳了。十几二十个小伙伴排成长长的蛇形队伍，越过绳子，个个笑逐颜开。那时阳光正好，微风卷过白杨树的翠叶，树荫斑驳，留下我们美好的记忆。长大后，年少时的伙伴各奔东西，那一张张熟悉的面容随时间淡去，渐渐阑珊。走出山野，看繁华都市大楼鳞次栉比，看商店里的新奇事物琳琅满目，看互联网时代的到来，看前程似锦的未来，我们的生活也越来越好。而那跳长绳的记忆也就从此封存了。

现在儿子学校正好要举行家长长绳比赛，这是多么好的一个机会！我心里雀跃着想马上接龙。但是转念想这么多年没再跳过长绳了，担心我这个年龄的妈妈参加比赛，体力和精力跟不上，而且没有时间练习，想到这里我顿时没有了报名的激情和自信。可是我自己不是要求两个孩子要积极参加各类活动吗？那我也得以身作则吧。思前想后，我便鼓足勇气在群里接龙报名参加长绳比赛。

报名之后，我满心欢喜。我走进儿子的房间，告诉儿子："妈妈报名参加学校的长绳比赛活动。这个跳长绳活动很好呢！我特别喜欢！"说完便期待地看着儿子，心里还在默默地等着儿子的夸赞。

没想到儿子听后非但不高兴，反而蹙着眉，鼻子两翼一掀一掀，眼里似是蒙着薄薄的一层纱，眼眶淡淡地泛着红，他重重地放下笔，涨红着脸跟我大喊："我不想让你报名！"

我压根儿没想到他会这么说，觉得不解，心里顿时升起一团无名之火，点燃了我多日烦闷的引线。我瞪着他，大声质问："为什么不想让我参加？"我说话的音量不自觉地就大了起来。

他看着我发火的样子，支支吾吾地说："这样你就没时间给我做晚饭了。要知道，我是下午一放学就要先吃饭再写作业的呀。"

听到儿子是因为这个顾虑，我的怒气顿时就消散了一大半。我走到他身旁坐下来，拍拍他的肩说："吃饭这个问题你不用担心，比赛活动是上午，不影响下午，我肯定能在去接你放学之前准备好晚餐的。"说完，我轻松地看着他，心想这下总该没问题了，儿子肯定会打消顾虑，支持我参加的。可没有料到的是，儿子却更加气愤了，他又将桌上的作业本掀起来，摔到地上，铅笔橡皮咕噜噜滚了一地，他叫道："我就不同意！"

看到儿子的这个反应，我的心中如同被浇了一桶冷水，欢心雀跃的小火苗"啪"一下瞬间就熄灭了。我现在是真的生气了，我"腾"地站起来。此时，山雨欲来，仿佛江水滚滚，千里江堤上出现了裂纹，将有决堤之势。但是这时，我的脑海中闪现出正面管教"和善而坚定"的理念。我竟然在那个当下压住了火气，平静却坚定地对他说:"我已经报名了,无法改了。"我说完便听到儿子开始更加大声地哭起来,他两条腿不停地踢着桌子,就像是要宣泄他心中的怒气似的。

为了防止自己控制不住情绪对孩子发火,我转身走出房间,到厨房洗碗、拖地,尝试着让自己的情绪先平复一下。过了一会儿,我听见儿子还在房间里哭个不停,只不过哭声由大哭变成了压抑委屈的抽泣,像只可怜的小猫咪。我独自在厨房待了一会儿,心情平复了不少,于是便回到儿子房间,看到他还在不停地用手抹眼泪。我递了一张面巾纸给他,顺便牵过他的小手,耐心地询问道:"到底是怎么了?吃饭不受影响怎么还要反对我参加跳绳比赛呢?是什么原因不让妈妈参加呢?"

儿子见我的态度缓和了下来,说话语气也柔和了,他终于忍住还在眼里打转的泪珠,小声地对我说:"妈妈,那是比赛,我想让你赢,可是你又不一定能赢!所以我不让你去参加!"

听到他说出不让我参加的真正原因,我顿时感觉整个人都轻松了,心也跟着软了下来。我握着儿子的小手,微笑地看着他的眼睛,认真地说:"这是团体比赛,每个人只要尽全力配合努力练习就行,要赢是团队一起赢,要输也是一起输。输赢不重要,重要的是有勇气报名,过程中认真努力就可以了。我们可以享受这个积极努力的过程!"

他听到我这样说,如释重负地对我说:"那好吧,我还是支持你报名吧!"听到儿子这样说,我开心地给了他一个大大的拥抱,真诚地对他表达了我的感谢:"儿子,谢谢你的支持,妈妈会认真努力的!但是输了也不用觉得丢人,失败是成功之母,我们都要经受住挫折,顶得住压力，才能获得成功呀！"

儿子听了，开心地给我打气："妈妈加油，妈妈是最棒的！接下来我会配合你参加跳绳训练，我可以把作业快点做完和你一起去练习。"

这次的亲子沟通给了我不少启发，通过这件事情，我发现孩子的心思其实很单纯，也很细腻、敏感。在我们向孩子发火指责之前，如果能先耐心引导孩子说出他心中真实的想法，就会对问题的解决有很大的帮助，也能避免一场亲子间的冲突。小朋友长大了，会在意输赢，到了小学会表现得更加明显。我们要让孩子知道大家其实更在意的是过程。我们要让孩子看到是因为什么，才得到了成功，我们要把重点放在引导孩子积极参与上，过程中坚持努力就好了。

我们之所以会产生一定要成功、一定要赢的想法，是因为我们内心是不甘落后的，觉得失败是糟糕的、丢人的、不光彩的，所以输了就会有失落感，心情也会像飞瀑一样直落三千尺。我们对失落常常是抵触的，讨厌在失落的状态中稍作停留。然而这种对失落的抵触，对快乐的依恋，只会让我们胆怯、不敢迎接新挑战，久而久之，便会缩在逃避的角落里，面对着灰白的墙面，将一切亮丽风景挡在背后。那些黑白分明的奖状、名次让人开心，但那些我们为之付出的过程更加值得回味，更加值得被关注。那些过程让我们最终努力的结果镀上了无法代替的光环，不论输赢，那光环都会熠熠生辉，呈现出无可比拟的华彩。坚持努力的过程本身就是快乐的，就让我们一起在亲子时光里慢慢践行，一起努力加油并享受这个积极努力的过程吧！

孙云晓点评

童真何以动人？因为虽幼稚但纯真。文中的儿子起初坚决不同意妈妈参加家长跳绳比赛，是因为怕妈妈输，这是孩子的体验与担心。妈妈解释参与的快乐比输赢更重要，这就是对成长的正确引领。家庭生活教育妙在点点滴滴，好的教育犹如春雨以真善美浸润孩子的心灵。

不一般的劳动,给孩子一个有氧童年

顾辰珠[1]

缘起——谁阻碍了孩子的独立

某个清晨,背着书包的孩子们高高兴兴地迈进校园,阳光洒在他们稚嫩的脸上,无论谁看到了都会觉得幸福,充满活力和希望。

"妈妈,我的鞋带开了!"一个声音吸引了我的目光。

只见那孩子一伸脚,母亲便弯下腰给他系好鞋带。

此情此景,仿佛有什么东西狠狠地撞向了我的心口。回想这几年在班级里见到过的各种各样的孩子:二年级的孩子不会剥香蕉皮,三年级的孩子不会系红领巾,四年级的孩子不能把教室打扫干净……如今的孩子,怎么了?

一个真正独立的人,绝不是依附在父母身上软塌塌的、娇弱的人,他一定要对自己的人生、对家庭与亲人、对工作与社会有责任和担当。包办孩子的事情,其实是在剥夺孩子独立的机会。作为教师,我也有责任帮助孩子学会独立,于是我们班开展了"陪劳动"的活动。

---

[1] 顾辰珠:苏州科技城实验小学校教师,以"劳动教育"为带班特色的资深班主任。

实践——家校联手陪伴劳动

什么样的劳动才适合刚入学的小孩子呢？我想可以围绕劳动意识的启蒙，培养孩子日常生活自理的意识。要想培养孩子的劳动意识、提升孩子的劳动技能、增强孩子的劳动热情，就要制订一套可操作性强、系统化、可持续化的方案。于是，我在开学第一周便约了家委会到校商议，全面了解我们班的孩子在哪些方面自理能力较弱，并将这些内容进行分类。

"陪劳动"从一年级开始再好不过。要想培养孩子的劳动习惯，首先要培养孩子的劳动意识。如果孩子从小就不爱劳动，劳动意识就无从谈起，最终他的劳动能力也会慢慢丧失。开学第二周，我们班的教室就已经全部由孩子们自己打扫了。我手把手地指导孩子们怎么给桌子"洗脸"，怎么用拖把擦地，怎样瞄准地上的线排齐桌椅。为了减轻孩子们的负担，我要求每个孩子只打扫自己周围的地面。地方不大，对于一群刚入学的小宝贝来说，操作起来依然困难重重——昨天才教他们桌脚要对齐哪根线，今天就忘记了；一个星期下来好不容易记住自己对齐哪根线了，到了周一大组换座位的时候又得重新教一遍；对于一些把橡皮屑都弄到地上的孩子来说，用拖把擦地一点儿用也没有，橡皮屑还在那里"耀武扬威"……为了让孩子们真正掌握如何打扫自己的一片天地，每当他们遇到困难时，我总是不厌其烦地、有针对性地进行指导。

令我惊喜的是，孩子们并没有我想象的那么娇气。相反，他们非常乐意打扫卫生，慢慢地，还自个儿琢磨出了打扫卫生的小妙招呢！一些动作麻利的孩子不仅把自己周围擦得干干净净的，就连过道、讲台、卫生死角都争先恐后地承包下来。身强力壮的男孩子更是拿起了水桶、大拖把，一个负责打水，一个负责拖地。看着洁净的能照得出人影的教室，满脸汗水的他们会不自觉地露出自豪的微笑，这微笑在我看来是孩子们感受到劳动带给他们的快乐，更是他们在劳动中感受到自我价值不断提升的表现。

仅仅一个星期，午饭后、放学前的打扫已经不需要我的督促，孩子们都能自觉完成。他们有了劳动的意识，"功力"又不断增强，他们回家后纷纷一显身手，把自己家的地板擦得亮白洁净，让妈妈自愧不如。陪劳动就顺理成章地延伸到家庭啦！

我布置了第一次周末劳动作业：洗自己的袜子或者小内裤。那个周末，班级群和朋友圈被孩子劳动的照片疯狂霸屏，我感受到家长和孩子的内心都是欣喜的。

在接下来的日子里，周末家庭劳动作业的内容逐渐丰富起来，渗透到生活的方方面面，由简到繁，由易到难，有择菜、洗碗、洗衣服、拖地、叠衣服、擦皮鞋、收纳整理、养护绿化等。

要说难度最高的，莫过于请爸爸妈妈指导孩子们制作一道美食。烧菜呢，必然会接触到刀和火，我想很多家长一定会觉得那是一件危险的事情。因此我把自己育儿的经验分享给孩子们和家长：我儿子两岁的时候会自己扔垃圾，会像模像样地扫地拖地，会用刀切香蕉，会给加热过的电饼铛刷油，最爱在自己的玩具厨房里学着爸爸的样子炒菜。因为我教给他正确的使用方法，就不会有危险。就算有危险，因为有我在身边，也等于是给了他一条宝贵的生活经验。

于是，孩子们和家长都开始大胆尝试起来。看起来最危险、最麻烦的烧菜，却一下子成了孩子们的"新宠"。要么一道菜反复烧几天，要么每天让爸妈教新菜品，孩子们兴致勃勃，家长们也想从厨房里解脱出来，结果烧菜这项家庭作业整整持续了一个月。

要说最有意义的劳动就数"垃圾分类"了。去年年底，学校给每个班级分配了两个垃圾桶，孩子们都很好奇，原来的垃圾桶去哪儿了？为什么要用两个垃圾桶呢？我利用班会课时间和他们一起学习了垃圾该如何分类，以及在生活中要注意哪些有害垃圾是不能随意乱扔的。

孩子们纷纷行动起来，扔垃圾变得不再随便，而是需要斟酌一下，甚至和同学商量应该扔在哪个垃圾桶里；在家里，严格执行把电池、灯泡这类有害垃圾放进小区垃圾桶边上的专区，对于硬纸板、快递盒子、塑料制品、报纸全都收集起来卖钱。这样一来，不仅能减少污染，还能变废为宝。

一学期的"陪劳动"开展下来，孩子们乐在其中，甚至到了周五就会有所期待"这个星期又会是什么劳动作业呢"。一到周末，我的朋友圈里全是家长分享孩子劳动的照片及感受，我看到了他们从惊讶到惊喜再到欣慰的整个变化过程。

收获——劳动成就幸福家庭

第一次切土豆丝，萱萱妈妈的心提到了嗓子眼，她想帮萱萱，萱萱却哼了一下"这是我的作业，不许碰！"，妈妈只好乖乖当助手，给她开火、倒油。切完后，萱萱看着粗细不均的土豆丝，十分抱歉地对妈妈说："不好意思，土豆丝太粗了，切了很久，都变色了。"打那以后，他们家每天晚上都会有一道土豆丝，一连炒了四天。

自从这些孩子迷上烧菜后，家长们纷纷表示，不少孩子食欲大增，自己烧多少吃多少。小炜同学不爱吃茼蒿，但是上周他自己烧了茼蒿后竟然吃了不少呢！

不少孩子原本都是家里的"小皇帝""小公主"，比如熙熙，以前可是让他拿个东西也不愿意，现在勤快多了，除了扫地、烧菜，还主动去干活。琪琪每天洗碗，为的是可以让奶奶趁这个时间出去散步。涵涵爸妈是开理发店的，涵涵放学后主动帮店里扫头发、洗毛巾。二孩家庭的孩子表现更为明显，瑶瑶、娇娇身为姐姐，常给弟弟妹妹做好吃的，还亲自喂饭，场面温馨。在瑶瑶的影响下，妹妹也主动加入了做家务的行列。在爱劳动的家庭中，我们看到的是两个孩子在互相影响、互相付出。

劳动还会激发人的智慧，激发出人的很多潜力，劳动能让孩子变成一个社会化程度更高的人，一个能够承担责任的人，一个能够关心别人的人，一个能够在团队里受欢迎的人。

我们的小汤汤同学，有一次他根据之前吃过爸爸做的毛豆辣椒小鱼，自己回想调料和材料，自己选材，自己洗菜，自己做菜，前后花了两个小时，终于出锅了！最重要的一点是，居然知道菜做好后把锅也刷了。妈妈没有想到孩子有这么大的潜力，那天她一直拿着手机，记录下孩子的生活。

每个孩子都是有做家务的天赋的。当然，指望孩子一下子就把家务做好做完美是不现实的，我们如果抱有这样的心态，必然会觉得孩子这里不好那里不好，还不如自己做，必定会打压孩子劳动的积极性。

所以，我推荐"做一半留一半"的家庭劳动教育法。我们可以试一试不再为孩子包办一切，而是做一半留一半，这样对培养和训练孩子的自理能力很有帮助，因为我们做的那一半是给孩子树立的榜样，而留下的那一半，则是给孩子提供了学习和动手练习的机会。

> **孙云晓点评**
>
> 　　德智体美劳五育并举，但劳育往往是短板，因为父母过于忽视这方面的问题。如此难题却让这位班主任轻易破解了，可见班主任具有强大的导向能力，而她之所以胸有成竹，是因为她在自己孩子身上有了成功的经验。优秀的班主任是最好的家庭教育指导师。

小整理师成长记

苏州科技城实验小学校学生家长　顾园园

一年前，我们一家四口离开父母，单独出来居住。没了父母的后勤保障，没了父母的细心照顾，没了父母的唠叨呵护，生活中的琐事，工作中的困惑，不约而同地出现，使得我们手忙脚乱。改变从此开始了……

改变，从打卡开始

这天，我下班回到家时，收到来自小女儿瞳瞳的热情拥抱，她欢快地告诉我："珠珠老师给我们布置了一项家庭劳动作业——整理书桌。"

我一听，这个家庭作业很新颖啊，就问她："你准备什么时候开始做这个作业呀？"

瞳瞳激动地对我说："现在就开始吧，因为每一天都需要打卡，连续认真完成七天打卡的同学可以拿到小奖状哦！我要拿奖状嘛！"

她拉着我的手来到自己房间的书桌前，让我不可思议的是这里已经丝毫看不出我昨晚收拾过的痕迹了，可想而知，她放学回来后没少乱折腾。杂乱的书本、凌乱的铅笔盒，最可笑的是她那课桌上露出半头的文件袋。

瞳瞳看了看，可能自己也觉得整理起来有些难度，尴尬地笑了笑说："妈妈，要不我明天再开始吧，今天还是你来？"

我微笑着但并没有回答她。

她见我没有答应，无奈地说："好吧，还是从今天开始，少一天我就拿不到奖状了。"

说完就开始动手。她学着我的样子，用抹布把桌子上的橡皮屑、瓜皮果壳等都抹到垃圾桶里，把书本都摆放在桌面上或书柜里。看着她小心翼翼但又很忙碌的样子，我轻轻退出了房间，开始忙着做晚饭。

就这样大概过了半个小时，瞳瞳让我去检查她的劳动成果。我看到她的眼睛里闪烁着欢快与兴奋的光芒，似乎在等待着我夸奖她。我迅速来到房间，果然看到了与之前截然不同的模样，一看就知道是花了心思认真整理过的。

我看后，给了她一个大大的赞，并且鼓励她说："瞳瞳，你很棒，书桌整理得非常干净，如果其他地方也可以一起整理那就更好啦！以后继续保持哦，不要只是为了打卡而整理哦！"听到我的夸奖，瞳瞳露出了甜甜的笑容，重重地点了点头。

打卡，是为了不用打卡

为了这个家庭作业，女儿连续打卡七天。每天我回家都能看到她的书桌很干净，连带着其他地方也不再那么乱了。

这天，我没有听到瞳瞳整理的动静，我问："瞳瞳，今天怎么没有整理自己的书桌啊？"

她欢快地回答说:"妈妈,我的书桌整理作业已经完成了,因为我现在每天整理得很干净,又保持得很好,就不需要天天整理了。接下来可以去完成珠珠老师布置的新任务啦——整理书包。整理书包和整理书桌是一样的,也是要连续打卡七天,把整理过程拍照传给老师,这次珠珠老师已经教给我们整理书本的方法了,即可以从高到低、从大到小排列归类整理,你期待我的表现吧!"

我微笑着询问:"那你从这几天的作业中,学到了什么呢?"

瞳瞳以为我在考查她的学习能力,思索了一会儿说:"这次的作业,是让我们从整理书桌中,感受到自己父母的辛苦,让我们多为你们考虑。"

我接着问道:"还有什么?"

瞳瞳一时没有想起来,噘着嘴说:"没有了吧。"

我还没有回答,这时,一旁的姐姐补充道:"还有让你明白劳动的魅力。"

瞳瞳有点懵了,问道:"什么是劳动的魅力呀?"

这时,我说话了:"过两天你就知道了。"

一天、两天、三天过去了。她的书桌、书包我始终没有帮她收拾,也没有要求她自己去做。

第四天的时候,我下班回家,她又一次上来拥抱我,告诉我说:"妈妈,我知道什么是劳动的魅力了。"

我笑着说:"是吗?那你跟我说说。"

她拉着我来到她的房间:"现在我每天整理书包,保持书桌干净整洁,姐姐还表扬我了呢!我发现以前乱得好多东西我都找不到,现在我一眼就能看到,立马就能找到。这是不是就是劳动的魅力呀?"

小女儿懂得了这个道理，我感到很是欣慰。吃饭间，我拿起饮料对她们说："劳动的魅力，今天瞳瞳已经明白了，就是通过劳动让我们成长，让我们独立，让我们能够自食其力。"

爸爸也高兴地说："整理书桌、整理书包虽然是小任务，但它其实蕴含着大道理，祝贺瞳瞳又成长了，干杯！""干杯！"

瞳瞳按照珠珠老师制订的"整理"打卡小任务，每周都有不同的打卡任务。第一周整理书桌，第二周整理书包，第三周整理衣物，第四周整理鞋袜，第五周整理书柜，第六周综合整理。一个多月后，做这些事情好像都已成了她的习惯。看着她俨然一副整理大师的样子，让我想起了一句话："用甘蔗汁浇灌的甘蔗未必就是甜的。"孩子的能力只有在磨砺中才能形成。同时，如果家长学会适时"放手"，让孩子明白"劳动的魅力"，那么孩子也能在劳动的过程中有所收获，综合能力、自理能力也能得到有效提升。

孙云晓点评

儿童教育的重要使命是逐步提高儿童的独立能力，而独立离不开自理和自立，所以劳动教育具有不可或缺的价值。瞳瞳的可喜变化说明，儿童具有积极向上的巨大潜能，也反映出珠珠老师引导的高明和父母配合到位，每周都有不同的打卡任务。例如，第一周整理书桌，第二周整理书包，第三周整理衣物，第四周整理鞋袜，第五周整理书柜，第六周综合整理。不断变化符合儿童求新的心理，而六周的内容都是自我管理，有助于孩子自理习惯的养成，这个简单的习惯将使孩子终身受益。

厨房里的小能手

苏州科技城实验小学校学生家长　谢雨静

一天下班后已经是 18:40 了，偏巧先生说他晚上有事，不回来吃饭。回家的路上还一直堵车，很是让人着急。

好不容易回到家，一进门，就听孩子在厨房里得意地喊："我已经按照爸爸在电话里的指导，煮好了汤，热好了饭。"我心里顿感欣慰，赶快奔进厨房验收"胜利的果实"。"胜利的果实"没看见，倒是看到汤溢出锅外，台面上、地上都是。顿时真想大喊："溢成这样还浑然不知？这到处是油，要清理到什么时候？真是给我帮倒忙！"

但理智立刻战胜了冲动：情绪是自己的。抱怨也不过是痛快了自己，还会打击孩子的积极性。成长的过程中，哪有不犯错的？我们都是在错误中成长的。赶紧深呼吸……

然而，孩子是敏感的。我的沉默早已让他感受到了我的情绪。他默不作声，坐在写字桌前观察着我的脸色。我一边收拾着"烂摊子"，一边有意识地调整着自己的情绪。直到收拾干净，把饭菜摆上桌。我才缓缓呼出一口气，唤孩子出来吃饭。

饭桌上，像往常一样，我问他："今天学校里发生了什么有趣的事情吗？"他依然默不作声。我意识到刚才我的情绪对他的影响：原本兴高采烈地向我展示劳动成果,回应他的不是他期待中的赞赏,却是沉默,不,从孩子的角度来感受,或许是冷漠。

我主动挑起话题:"为什么不说话?没有有趣的事情,倒是有件不能理解的事情,是吗?"

娃略显委屈地说:"是的。"

我说:"妈妈回来晚了,你能在爸爸的指导下煮汤、热饭,我很欣慰,妈妈应该谢谢你。可是你知道吗?我一进厨房,看见电饭锅上、锅边、台面、地上到处都是汤水,一下子很生气。妈妈也需要一些时间来调整。所以,在厨房的时候,我一直没说话。"

娃有点不好意思:"很抱歉,我只是按照爸爸说的,把东西放进去,真没想到它会溢出来。"

我连忙接过话:"没关系啦,现在妈妈已经收拾好了。"

娃的神情终于放松了一些。

"快吃吧。我还想说的是,汤汁清理起来真的很麻烦——好多油!下次可不要再让我清理了哦!"

娃调皮地回应:"好的,妈妈!"

妈妈也是人,不是神。是人都会有情绪,都需要时间面对、处理自己的情绪。真实的生活是给孩子最好的教育。我想,我的这份真实会让他了解如何真实面对自己的感受,如何剥离、调整自己的情绪,当然,通过妈妈真实的表情能够看到问题:事情不是做了就好,也需要过程中的用心以及对结果的考量。

厨房小帮手的成长还在继续……

又一日,中午,说好吃了饭一起去送姐姐。然而,吃饭的时候数他话多,吃得最慢。因为姐姐要赶校车,等不及他。最后就留他在家吃饭，我和爸爸去送姐姐了。我俩送了姐姐，还去了趟超市，约莫两三个小时的工夫才到家。回家看到他在看电视，厨房里依旧是我们走时的模样。

爸爸有点生气了："碗都不洗的吗？！"

他看起来很错愕，那意思是：需要我洗碗？

平时确实很少让他洗碗。他小，又是男孩，我们无意间就会让他做些简单的、跑腿的活儿，比如倒垃圾、取快递什么的。倒是姐姐洗碗更多些，怨不得他错愕。

我说："是的，需要你洗碗。"

他表示不情愿，一头栽进沙发靠垫里，赖着不起。

我拿起遥控器，关了电视，严肃、肯定地说："现在去洗碗！"

他不声不响进了厨房。不一会儿跑出来说洗好了。我很纳闷：这娃洗碗比我都快？我快步走进厨房。真的是碗洗好了，可锅没洗，灶台没擦，水池边、地上都是水。

我引导他："你有见过爸爸妈妈或者姐姐洗碗的时候不洗锅？不擦灶台？洗了碗，厨房都是水？"

他很无奈，一副应付唠叨女性的样子："好好好！你说什么，我照做，求你不要唠叨。"

我知趣地走出了厨房，等待他洗好了再来找我。

10分钟过去了，我问："可以检查吗？"

"可以！"他一副很自信的样子。

这回，锅洗了，灶台擦了，地都拖了。但抹布没拧干，都是水渍。我从碗架上随便取了一只碗："你来摸摸，什么感觉？"

"滑滑的。"

我拿起另一只，示意他也摸摸。他回应说："也是滑的。"娃开始意识到碗没洗干净。

我说："看来碗得重新洗了。先站在这里，看看我是怎么洗的，然后你再来洗。"

他没看一会儿，就迫切地说："我来！我来！"

我把碗交给他，便走了。他洗好碗，不知道是有意还是无意，把台面又擦了一遍。总之，之前留下的水渍是没有了，接着又请我去检查。

果然，洗干净了，和我平时洗的效果差不多。

厨房是一个家里最具烟火气的地方。孩子也在这一粥一饭间体味着家的温暖，在餐桌上沟通、表达、体会着人与人之间的情感、精神的交互。真希望，今日厨房里的这个小帮手，经由真实的体验，不断修正自己，成为未来社会建设中的栋梁。

孙云晓点评

劳动是需要经验的，没有做过的事情怎么会呢？文章很真实地写出了儿童学会劳动的曲折过程。孩子屡受挫折却吸取教训努力改正，说明孩子有渴望成功的美好心愿，而妈妈的成功在于将道理说透并细心做好示范。

好吃的一起做

苏州科技城实验小学校学生家长　张宸籽

苏州的时令美食特别有意思，一到了季节，邻居婆婆就开始张罗了。我们来苏州几年，奶奶也跟着学会了不少，渐渐地我们一家人都喜欢上了这些美食。一家老小，欢声笑语围炉品尝，也是一件趣事。

乌 米 饭

乌米饭，儿子的最爱。每每到了乌饭树叶子冒出来时，奶奶就要开始忙起来了，因为乌米饭做起来很是烦琐。但是，孙子吃得开心，于是，奶奶忙起来也开心。

吃得习惯了，时不时就会想着。突然有一段时间没吃，儿子很诧异地问："最近怎么没吃乌米饭？"

"哎，冰箱里的乌饭树叶子用完了。等新叶子长出来，奶奶上山采去。"奶奶说得自然，孙子听得习惯。我有点坐不住了。

"上山太不方便了，你腰不好，不要去了。我在网上买些叶子也是可以的。"

"网上卖的不一定新鲜呀！"

儿子正在吃饭，听到这儿抬头看着奶奶说："奶奶，听妈妈的，你不要上山去采叶子了，就网上买吧！"儿子是暖男，听到他说的话，奶奶更是喜笑颜开，连连点头。

网购一大包乌饭树叶子到了。打开一看，枯枝老叶夹杂在一起。我招呼儿子："今天下午和我一起整理乌饭树叶子。"

"明天不行吗？"儿子看着手里的乐高，有点不乐意。

"我明天有安排了，这个事情只能安排在今天，如果你想明天吃到乌米饭的话。"我知道他想继续玩乐高，没有顺着他的心意说。

"我来吧，这么脏的叶子，小孩子得弄到什么时候呀？"奶奶一边说一边坐了下来。

"妈，你下去走两圈。带1斤糯米上来。"我接过奶奶手里的叶子，招呼儿子："峻丞，你确定不来吗？我特别需要你的帮助哦！"

"好吧！"儿子虽然有点不愿意，但还是坐了下来。

"你看，这些叶子太老了，你要把这几片去掉，留下这些嫩的。"我一边说一边拿给儿子看。

"知道，知道！"小家伙不耐烦地挥挥手。只是买回来的叶子水滋滋的，滴在地上，粘在手里。儿子时不时甩一下手，又有点嫌弃地擦擦手心……

不知不觉，太阳也快落山了。一抬头看看阳光下儿子拉长的身影，十分可爱。

"妈妈，我的指甲都黑了。"儿子张牙舞爪地给我看。

"就是这样的，奶奶上次指甲也是黑的，就是为了给你做乌米饭。"

"很辛苦呀！"儿子看着自己的黑指甲若有所思，意味深长地跟我说："妈妈，我觉得每年奶奶的指甲都要黑两次。你觉得呢？"

"这是什么意思呢?"我想了想,摇了摇头。

"你想呀,一次是为了给我做乌米饭。还有一次是为了给我剥枇杷。"说完儿子眨巴着眼睛看着我。

"都是为了你吃得开心呢!"我话锋一转,"可是,有的事情你可以自己做的呀!这样奶奶的指甲就不会黑了。"10岁的儿子懂得很多,听到这里,已经不好意思地笑了。

终于把叶子都整理完毕。两人又一起清洗干净,接下来就是打汁了。

"妈妈你坐着,我自己来吧!"我还没回答,儿子已经拿出榨汁机,做准备工作了。榨汁、过滤、沉淀。虽然做得毛毛躁躁,可是也像模像样。

第二天的乌米饭油亮亮的,闻一下,特有的青草的香味加上蜂蜜的甜,真是香喷喷的。儿子闻了一下说:"真香!我感觉比以前的更香。"奶奶闻了一下说:"嗯,是很香哦!"

青 团 子

青团子是用浆麦草汁和着糯米粉做成的,是一道颇费功夫的美食。我比较喜欢吃。一般都是到了春季,去店里买上几个。早上锅里一蒸,绿油油的,闻一下都是青草的香味。

自从上次儿子解锁了做乌米饭之后,他就一直跃跃欲试,对做美食的信心十分高涨。

奶奶从邻居那里拿来一把浆麦草,大家一致同意让儿子继续练手。接到任务的娃十分开心,清理草、打汁、过滤。等到了和粉的步骤他卡住了,不知道应该怎样和面粉。倒一勺子面粉后似乎多了,加一点汁水后似乎又稀了。儿子的心态有点崩溃，自己看着一小盆不成型的糊糊不高兴了，噘着嘴捣鼓着，恰巧有同学来找他玩，他借机愉快地放下盆出去玩了。

　　玩完回来又做其他事。一盆绿糊糊就那样搁置在厨房，我悄悄和奶奶达成共识：先不吱声，看孩子反应。

　　快到休息时间了，儿子还是没再提这个事。我叫过来他："峻丞，厨房里还有事情没做吧？"儿子立刻明白了，说："妈妈，我和不好面粉。""可是你也没问我呀！"儿子不好意思地笑笑。

　　"那怎么办呢？"我反问他，"我们一起来试试吧！我也不是很清楚我的方法对不对。"于是，我和儿子一起动手，商量着怎么加水，怎么揉面团。

　　儿子听得很认真，青青的团子渐渐出型了。孩子乐呵呵地送到奶奶面前显摆。忙碌一段时间后，终于可以吃了。我咬一口，还没来得及细品，儿子就凑上来问我好不好吃。我说好吃。儿子自豪地说："那当然啦，是我包的呀！"

　　我们家庭是典型的三代同堂。爷爷奶奶帮忙带孩子，他们对孩子自然而然有着一种宠爱，从小到大，包干的太多。但也庆幸，近些年，奶奶也意识到了孩子缺少做家务的机会，于是我们时不时地制造一些做家务的好机会，让孩子渐渐地学会主动承担家务。其实更多的，我们是不想强制让孩子听从我们的要求，而是想让孩子有主动意识，即快乐做家务的意识。更重要的是，做家务不仅仅是锻炼孩子，也是让孩子融入家庭当中，根植家族的一种意识。在一个家庭中，事情要大家一起做。

孙云晓点评

　　我是北方人，偶尔来苏州品尝过青团，就再也难以忘怀那种绿绿的、糯糯的、甜甜的美食，成为每年春天对江南的一个念想。实际上，传统美食最容易让人感受到劳动的神奇魅力，甚至成为"舌尖上"的家乡。所以，从学做家乡传统美食入手，具有特别丰富的意义，如增进对家乡传统的理解，提高劳动的技能，密切家人的关系等，对儿童尤其如此。

家务活里的"哲学"

苏州科技城实验小学校学生家长　严　琼

记得女儿刚上幼儿园的时候,踩着小板凳站在水池旁洗碗,甚至连抹布都不知道如何使用,粉嫩嫩的小手搓着碗上的污渍,奶声奶气地说:"妈妈,今天的碗都由我来洗。"我在一旁陪着她,时不时夸赞一句:"洗得真干净!"那时候,洗碗对她来说是一个新鲜的游戏,而我明白,幼儿园阶段是孩子秩序和感官的敏感期,洗碗正是练习她手部精细动作的好方法。但孩子奶奶却不这么认为,多次想出来阻挠:"毕竟还这么小,你真让她洗啊?""能洗干净吗?待会儿我们还得重新洗,浪费时间又浪费水。"与老人沟通,如果我态度太强硬或者直接无视,那后果一定很严重,没饭吃、甩脸色那是常有的事。他们和小朋友一样,需要哄着点,所以我得及时回应:"是呀,老妈您说得对,肯定洗不干净的,还有点儿费水,一会儿等她弄完,我来收拾吧。现在不让她洗,长大以后可能就是我的翻版,你不总说我眼里没活嘛。"孩子奶奶一听也就没脾气了。久而久之,家里人也就认同了孩子帮着做家务,参与家务其实也是一个很好的亲子活动体验。

不知不觉,女儿上小学了,我们的心态也随之改变,学习好像一下子成了女儿的首要任务,家里变得经常鸡飞狗跳,她也觉得很不快乐。我意识到这样的家庭相处模式需要改变，而恰好这时，学校也贴心地给我们家长提供了各种学习机会，很多的家长课堂，很多的座谈会，于是只要有讲座，我就第一时间抢着去上。我开始从"如何教育好孩子"的议题改成了"如何做更好的自己"的议题。当我更多地觉察到自己行为背后的心理模式之后，我对孩子的犯错或者提问有了更大的包容心。

有一次女儿放学回到家，看到客厅放着一袋从乡下带过来的蚕豆，好奇地过去看，问这是什么，我说这是蚕豆呀，就是前段时间我们回乡下的时候，你去找"耳朵"的那个植物结的果实，她小脑袋一转，惊奇地盯着我："好神奇呀！"说着就抓起一把放在手里玩起来。

于是，我顺手拿了一个大碗，说："我今晚做蚕豆给你们吃，需要剥一大碗，得赶紧开始了。"我知道她这会儿肯定没有心思做作业，一定会参与进来。

果然，她自告奋勇地说："我来剥吧！"我给她搬了个小板凳，让她先自己摸索一下，怎么让豆子从壳里出来。一开始，她笨手笨脚的模样，一下子让我想起了小时候洗碗的样子。

我说："妈妈来剥一个，你可以参考我的方法，也可以用自己的方法。"于是我拿了一颗豆从中间折断，两手一挤，两颗豆子就进入了碗里。

女儿学着我的样子，说："这个办法好，果然实践出真知。"她剥着剥着告诉我："还可以扭断哦，那样更快！"

我夸她真会想办法，好一会儿，她端着一碗蚕豆过来了，扬扬得意地说："看，我剥了满满一大碗哦！"

我赶紧感谢她道："今天你可真是帮了大忙了，不然我可能要来不及做饭了。"

她笑嘻嘻地说道:"不用谢,我得去做作业了。"

我点点头,又补充了一句:"你好有耐心,能帮我剥完,去吧!"

剥一碗蚕豆其实并不耽误多少时间,有可能还没做作业的时候玩橡皮、上厕所、发呆加起来的时间多,但是通过剥这碗蚕豆,她的内心更丰富了,感叹植物的神奇,勾起了她对在蚕豆苗上找"耳朵"时快乐时光的回忆,又通过自己的耐心研究,锻炼了动手能力。我想,我们父母应该要让孩子意识到:必须要做生活琐事,因为这些也是生活的一部分。懂生活,才会更加珍惜生命。

还有一个周末,女儿准备尝试自己拖地。她拿着拖把,兴冲冲地在客厅拖起来,但是没多久就把自己困住了,她向我求助道:"妈妈,这是怎么回事,我没路可走了,我又要把地踩脏了!"

我看着她"画地为牢"的样子,笑着说:"你把自己逼上'绝路'了嘛,哈哈……拖地也有方向的,你再想想,怎么样才能不把自己困住。"

她在那边转了几圈,研究了一下,顿悟道:"哦,我明白了,应该从角落往外拖,从外往角落拖就出不去了!"

我向她竖起了大拇指。她重新改变了方向,开始从里面往外拖,不一会儿,她又说:"妈妈,我又有新发现哦!你看这个瓷砖,我发现可以一块一块地拖,就像画画一样,我在给它们涂色呢。"

我惊讶于她的发现,感叹道:"是哦,好棒啊!我居然没有想过拖地还能像画画,你这个想法真有创意。"

她哼着小曲,很有规律地在每一块瓷砖上来来回回拖动,特别有韵律感,现在回味起那个下午,依然特别美好。

你看，小小的家务中，蕴含了多少人生哲学，拖地在一开始就有方向的选择，就像我们人生中的种种选择，是把自己"逼上绝路"还是让自己的路越走越宽。这个世界上没有哪一样东西不通向真理，哪怕是拖个地，洗个碗。家庭教育包含了方方面面，我想，陪伴孩子做家务也是其中一个很重要的模块。

孙云晓点评

本是平平常常的家务劳动，却悟出寓意深远的生活哲理，可谓用心体验与觉察的高层次收获。严琼母女的成功实践带给我们启迪，儿童的家务劳动绝非单纯的体力劳动，更不是惩罚性安排，而是充满智慧的生活实践。比如，拖地时如何做到不把自己逼入"绝境"，就是一个逼出来的发现，而变绝境为宽路则是生活的智慧。

给弟弟洗澡

苏州科技城实验小学校学生家长　孙　畅

"陪劳动"是女儿学前阶段成长过程中我所忽视的，从班主任布置了"自理小达人"任务后，我才开启了"陪劳动"之旅：陪剥虾、陪扫地、陪擦桌子、陪叠被子、陪给弟弟洗澡等，记忆最深刻的要属给弟弟洗澡了。

爱玩水是孩子的天性，自从女儿自己会洗澡后，她把家里的娃娃全部洗了一遍。终于，最担心的事情发生了，她向弟弟"下手"了！有一天晚上，我正躺在床上看新闻，突然听见卫生间里传来弟弟的惨叫声。我快步冲进卫生间，看到女儿正捂着弟弟的嘴巴，嘴里还焦急地说着："弟弟别喊！弟弟别喊！"原来她正在给弟弟洗头发，弟弟手捂着眼睛哭喊着，头上、脸上、脖子里全是白花花的泡沫。我赶紧拿来干毛巾帮弟弟擦干脸，用水冲洗流进他眼睛里的洗发水泡沫。安抚好弟弟的情绪后，女儿胆怯地说："妈妈，我只是想给弟弟洗个澡，你给弟弟洗澡的时候总是说腰疼，我想帮帮你，我会洗的，我只是不小心把洗发水倒多了！"听完女儿的一番话，原本正要大发脾气的我平复了情绪。确实，每次给两个孩子洗澡时我都会念叨："你们什么时候才能自己洗澡呀，妈妈的腰好疼呀！"

看到女儿诚恳又自责的样子，我没有责备她，我对她说："想要给弟弟洗澡也可以，但是你需要先学习一下怎样给弟弟洗澡，这跟给布娃娃洗澡可是不一样的！"

女儿说："我可以将布娃娃洗得很干净了，我也能帮弟弟洗干净的！"

于是我假装勉强答应她："好吧，那就让我和弟弟检查一下你给布娃娃洗澡能不能过关吧，能过关我们就同意你帮弟弟洗澡。"

女儿开心地拿来布娃娃，在玩具洗澡桶内放好水，快速地把娃娃的衣服脱下后便扔进水里，接着用花洒在娃娃的头上、脸上浇了很久！

弟弟忍不住喊起来："姐姐，你要是这样给我洗的话，我怎么呼吸！"

女儿瞬间意识到了自己的疏忽："哎呀，我忘记了，弟弟你还不会游泳，你不会憋气呀！"

听完姐弟俩的对话，我说道："看来姐姐今天过不了关了，还是跟妈妈学习一下怎样给弟弟洗澡吧！"我一边给弟弟洗澡，一边告诉姐姐要注意的事情。姐姐信心满满地说："妈妈，明天我一定能过关的，明天过关的话就让我给弟弟洗澡吧！"

第二天，我和弟弟再次考核姐姐，这次我们发现姐姐能够有意识地控制水流方向，避开布娃娃脸部，动作也轻柔了很多。弟弟在我的鼓励下同意让姐姐帮她洗澡，姐姐先调好水温，然后学着我的口气说："来，弟弟，把头抬起来，我要帮你洗头发了，要紧紧地闭上眼睛哦！"弟弟配合地抬头，闭眼睛，我在一旁也进行提醒和帮助。

姐姐对自己的表现非常满意，连续很多天都热情高涨地要求给弟弟洗澡，现在我们已经很放心让姐姐来帮弟弟洗澡了。姐姐也在多次的经验中知道了身体的不同部位怎样冲洗，洗发水的量需要多少，冲洗头发时怎样避开眼睛，洗完澡怎么快速裹浴巾擦身体等。

如今，日常居家时经常出现这样和谐默契的场面：我擦地板，女儿拿起抹布来帮忙；我洗衣服，女儿在水池里放满水开始洗袜子；我在电脑上办公，女儿为我敲背还为我准备水果！我陪她劳动亦是她陪我劳动，这样的母慈女孝、默契相伴的场面是在无数次狼狈、凌乱的场景下接纳她的尝试，默允她的失败，不断地激励，给予她劳动机会，慢慢发展而来的！这些不辞辛劳、不计回报的劳动，让她更加懂得珍惜家人的劳动成果，懂得感恩家人的付出！

孙云晓点评

毫无疑问，给弟弟洗澡是难度不小的劳动，小姐姐却非常自信，自己学会洗澡后，不仅给玩具娃娃洗澡，还给弟弟洗澡，只是方法不当让弟弟受苦了。妈妈的成功在于既肯定女儿的好意又引导她比较玩具娃娃与弟弟的不同，使她掌握了适合的方法，也使两个孩子之间的关系更加密切了。

第三章

家庭生活策划师

好的家庭生活需要建构互动式的家庭关系网群

华志益[1]

习近平总书记在 2016 年接见第一届全国文明家庭代表时强调："无论时代如何变化，无论经济社会如何发展，对一个社会来说，家庭的生活依托都不可替代，家庭的社会功能都不可替代，家庭的文化作用都不可替代。""家风是社会风气的重要组成部分。家庭不只是人们身体的住处，更是人们心灵的归宿。"家庭生活贯穿人的一生，是个体成长的基本环境，对人的成长起着基础性作用。

然而，当下的部分家庭虽有生活，却又没有"生活"。家长忙于工作，无暇顾及子女的成长，只能把教育的希望寄托在学校，造成家庭生活的缺失；也有的家庭在生活中重脑力、轻体力，重言语说教，轻以身作则，对儿童而言这样的家庭生活不全面；还有的家庭生活封闭，鲜与社会联系，这样的家庭生活就脱离了生活，家庭生活缺少互动交往的过程。

面对当今家庭生活存在的问题，家庭教育专家认为"家庭生活教育"应从家庭教育出发，强调家庭中的生活教育，通过生活进行教

---

[1] 华志益：苏州科技城实验小学校（科业校区）德育处副主任，一级教师，苏州市高新区中小学数学学科带头人，江苏省优秀少先队辅导员。

育。这种教育包括父母对子女的生活教育，也包括子女对父母的生活教育，也可以是双亲之间、子女与祖辈之间，甚至其他家庭成员之间。每一个家庭成员都能产生教育的力量。

基于此，苏州科技城实验小学校自建校以来就一直向家长努力宣讲家庭生活的重要意义。以课程为依托，以活动为载体，努力建构互动式的家庭关系网群（家庭成员之间、家庭之间、学校社会家庭之间），让家庭尊重个体，重视情感沟通，加强家庭之间的联系，在这些关系的互动交往中，学会生活，最终达到美好生活。

良好的亲子关系是儿童健康成长的土壤，学校大力支持并指导节假日的班级亲子活动，该项活动为孩子和家长搭建起表达爱的桥梁，同时让孩子在轻松而愉悦的氛围里，身心得到全面发展，视野得到开拓。亲子活动很大程度上调动了家长的积极性，提高了他们对于家庭教育的认知程度，活动内容主要涉及：同伴快乐成长、主题研究学习、劳动实践锻炼、公益志愿服务和健康生活方式。几年来，学校各班共开展这样的活动上百次，更有班级已将活动课程化，结合学校生活课程制订了"亲子活动五年计划"。

假期也是进行家庭生活的绝佳时机。苏州科技城实验小学校的孩子在寒暑假没有很多的假期作业，每个孩子会领到"假期生活单"，上面提供了"衣食住行财"系列活动，供孩子们选择。比如：上街买菜并制作蔬菜名片、钉纽扣、策划一次苏州一日游……在这样的家庭活动中，孩子们真切地感受到了生活的乐趣，生活的技能也在逐日增长。

家庭生活不仅仅是为了生活，根本目的是发挥家庭的教育功能。家庭生活教育是开展学校教育、社会教育的基础。要使家庭教育的效用最大化，就必须凝聚家庭、学校、社会的共识，形成家庭、学校和社会的教育合力，共同育人。

苏州科技城实验小学校的校本特色课程之一是二十四节气。传统中国人以农耕生活为主，二十四节气便是农耕生活中每年循环往复时的节点，每个儿童都可以从二十四节气中去感知生活的变化，感受不同时节的生活情境，内化为生活的智慧。儿童研究学习二十四节气，就是在延续传统文化。这个课程同时关注的也是衣食住行，让儿童在生活中观察体验，生成生活中的智慧。

为此，我们也提倡过有节气氛围的家庭生活。和家长一起参与生活实践，随着节气走过春夏秋冬，认知古往今来，逐渐形成人文积淀和文化自信。

经过多年实践，苏州科技城实验小学校提倡的建构互动式的家庭关系，由点成网，滋养着每一个家庭。这样美好的教育生态将创造更多美好的家庭生活……

做孩子家庭生活的"策划师"和"赞美家"

吉守益[1]

好的家庭生活是"策划"和"赞美"出来的。

家长应该成为孩子家庭生活的"策划师"和"赞美家"。在和孩子相处的过程中,作为家长的我常常会多一点用心的策划,多一点真诚的赞美,努力把真诚的赞美融进精心策划的家庭生活里,让孩子更好地成长。

给生活来点"小惊喜"

前段时间,我外出学习回来,正好赶上了女儿放学的时间,我特意打电话让妻子开车带我一起去接女儿。

因为女儿一直是妻子接送,对我而言,一学期中总要创造条件去接一接女儿放学吧!每次接女儿,我都会带点她喜欢吃的东西。我正想着,抬头看见前方有家星巴克。电话征询妻子,她不需要。我便给女儿买了一大杯她喜欢的焦糖玛奇朵。

我手捧着咖啡,站在路边等妻子。一会儿,妻子开着车来了,一

---

[1] 吉守益:一名17岁女孩的父亲。

开车门，便笑着说："今天又开始拍你女儿的马屁啦？"我们相视大笑起来。

女儿一上车，我便递上了咖啡。

"谢谢老爸！"女儿非常开心。

我一边称赞女儿有礼貌，一边告诉女儿："今天爸爸为了突出重点，只买了一杯咖啡给你。你妈说我拍你的马屁，没有给她买，此刻，她正在生气呢！""哈哈哈哈！"车厢里，笑声不断。

女儿开始讲述她一天的快乐见闻。静静地聆听，对于父母而言也是一种幸福。

想起前不久，我和一位学生聊天，她告诉我，放学总是妈妈来接她，没有新鲜感，她希望爸爸能接她一次，可爸爸总是上班、出差，没有时间。

对我而言，虽不常常出差，但也很少去接女儿。平时，我也会策划一些小小的方案，给平常的生活增添一点惊喜，用自己的方式赞美孩子，让她能够感受到我带给她的快乐。

这天晚饭后，女儿来了兴致，要陪我们夫妻俩外出散步。在期中考试前夕，她放下紧张的学习任务，陪我们一起出去逛逛，着实让我们夫妻俩很开心。我第一个跑到门口换好了鞋子，按下电梯按钮，等着她们母女俩。

行走在暮色下的科技城，我们三人轮流哼唱着小曲，从儿童歌曲到经典老歌，再到当下流行的我不知道名字的歌曲……不时三人一起高歌一曲，而我经常忘词、跑调，但唱得非常开心。明朗且充满活力的歌声引来路人的目光，路两旁默默肃立的路灯，像忠实的听众，瞪着炯炯有神的眼睛，在默默倾听我们的欢声笑语。一排排、一行行的路灯不断向远方延伸,汇聚成了一支支流光溢彩的"河流",偶尔有汽车疾驰而过。路旁的树丛中时常有淡淡的花香袭来,顿时觉得夜晚的科技城特别美丽。

往家走的路上,女儿和妻子手挽手,走在我的前面。全程就听女儿一个人说个不停,从她喜欢的漫画、阅读、班级趣事到英语学习……只见她谈兴高涨,手舞足蹈,我和妻子只充当了忠实的听众。妻子回头问我,是不是和女儿有代沟啦!

那一刻,我切实感受到了与孩子之间的距离,却也清楚明白女儿已经长大了。

不知不觉又回到了小区,只见树影婆娑,点点灯光如星星般明亮,静谧美好。一丝生活的惊喜在我们内心荡漾……

做孩子的"大朋友"

期末前夕,女儿有过一两天莫名的失眠。问其原因,她自己也不知道。进入中学后,我和妻子特别关注女儿的睡眠质量。女儿的一次失眠常常会让我们思考一番,到底是什么原因引起的呢?是学习压力过大?还是有什么其他心事呢?

这不,我逮着一个空闲的机会,问她:"你一定是担心考试考不好,所以睡不着觉的。你是有心事了,你可不要太紧张,考不好没关系的……"

还没等我说完,她摇头说:"爸爸,你说的这些我都知道,不要紧张啦!考不好没关系的啦!可是,我根本没有想过……"

一旁的妻子说:"只听见你一个人啰啰唆唆说半天,女儿根本没有你说的这些想法,她这种感受,我也有过的,暂时的,马上就会好的。"

女儿听了说:"你看,还是妈妈理解我。"于是,她们母女俩在一起相互述说自己莫名失眠的感受,彼此认同,相互理解。第二天,女儿的睡眠又恢复了正常。

为此,我常常夸赞妻子善于从孩子的感受出发,去理解、尊重孩子。

一次吃饭时,妻子说:"我和雯雯(女儿)是'朋友'关系。"女儿点头表示赞同,而一旁上了年纪的奶奶一脸惊讶:"你怎么和你妈妈是朋友关系呢?辈分有点乱了啊。"

我们都哈哈大笑!她奶奶一下子蒙了,一个劲地说:"我们年纪大了,不理解你们说的是什么意思!"

我告诉我的母亲,最好的母子关系就是朋友式的关系,平等、尊重。雯雯是在告诉你,她有个优秀的妈妈。

大家听了哈哈大笑。

一直以来,当孩子出现问题时,妻子总是认真地去倾听,接纳孩子的情绪,用心地去理解孩子。我时常对别人说:"陪伴女儿成长,妻子便是最好的专家。"

在家庭里,我不仅赞美女儿,还经常赞美我的妻子,看似每次不经意的赞美,其实都是精心的策划。因为,我知道孩子的母亲是孩子成长路上的重要引领者,而爸爸的赞美声常常会让这位重要引领者更加闪闪发光。

开好"家庭研讨会"

某个晚餐后,在我的提议下,我们一家三口一起去了星巴克,寻了一个老位置，围坐在一起，喝着喜欢的咖啡，各自讲述自己的工作（学习）与生活。话题在不断转换着，不经意间，我们帮女儿分析着目前的学习现状。

"听说，有很多孩子参加了校外的辅导班学习，而你一直不参加这样的辅导班，自主学习，能取得这样的成绩已经很不容易了。"我给女儿竖起了大拇指，我接着问女儿："你觉得初三紧张的学习，除了付出汗水，还需要什么呢？"

"我们家雯雯很聪明，她一定会有很多好方法的，这个难不倒她的。"一旁的妻子连忙给我投来赞许的目光。

"其实吧，我觉得学习不能疲于应付老师的作业，还要能发现其中的一些规律，学会反思……"女儿滔滔不绝地说着。

我和妻子不时轻轻地鼓掌，为她有这样的学习思考而点赞。我们都认为一个优秀的学生必须要学会停下忙碌的脚步，学会反思自己的学习。我们建议她尝试写一写"思考笔记"。她欣然同意，认为这能帮助自己总结属于自己的高效学习方法，形成自己学习的思路。

"你真的很会思考，很多想法已经惊艳到我了。"我对女儿又一次发出了真诚的赞美，接着，我请教女儿，"你是怎么理解时常激励自己的那句话'一切努力只为遇见你'的呢"？

女儿告诉我："其实学习上最难战胜的对手是自己，在一次次的考试中，需要战胜的从来都不是别人，而是自己……"

"这是一个哲学问题，成为自己，成为一个出色的自己应该是自我不断努力的方向。这是一条漫漫长路，美国作家约瑟夫·坎贝尔把它称为英雄之旅。"祝贺女儿走在成为自己的英雄之旅上。

……

女儿笑了，妻子笑了，我也笑了。

每一次的家庭交流，看似没有意义，却又都在寻找意义。当我们真正地去倾听，去引导，你会发现孩子都自带生命的光芒。每一次的交流就像是在孩子的心里播种下了一粒最美的种子。

孙云晓点评

家庭生活就像一条河流，静静地流淌着，偶尔会因为阻隔激起波澜。生活教育并非只在波澜中发挥作用，而是让每一个水滴都清澈畅快地奔涌。这个家庭的和谐生活给人的启迪正在于此。

特殊时光，请勿打扰

苏州科技城实验小学校学生家长　仲　雪

家长会上收到了一封孩子写给我的信，信中多次问："妈妈，你爱我吗？妈妈，我知道你一定很爱我，对吗？"原来对妈妈的爱深信不疑的娃竟开始怀疑这份爱了。

有了二宝后，我的精力很大程度上都给了二宝。相比而言，我更关心大宝的学习，每次看她磨叽还会忍不住凶她几句。一直坚持六年多的睡前拥抱，睡前故事都渐渐地减少了。想想大宝也才是6岁多的娃，还是需要我多些宠爱的。可是我的时间和精力有限，正感到两难的时候，我突然想起了陪育师课上老师说的"特殊时光"。

于是当天晚餐的时候，当着全家人的面，我郑重地开了口："我今天有一件事情要和大家宣布。在宣布之前呢，我要先向大宝道个歉，妈妈最近因为你作业的事情总是和你生气，我知道你一定很难过。接下来妈妈会努力管理好自己的情绪，你有什么想法也说出来让妈妈知道好不好？"

"好！"女儿乖巧地回答。

"因为妈妈生了二宝之后，精力不够，同时也觉得你长大了，懂事了，陪你的时间也就渐渐变少了。妈妈跟你郑重道歉，对不起。"

大宝有点意外地看着我,但几乎是秒回:"没关系。"

我继续说道:"所以我决定,不管妈妈多忙,我每周一定会抽出一个小时的时间,专门留给我心爱的大宝。这个时间谁都不可以来打扰我们。这是独属于我和大宝的特殊时光。这个时间里,只有我和大宝,没有手机,没有二宝。"

"所以呢,这一个小时不管二宝有什么情况,都要麻烦爸爸和奶奶照顾了。"我看着爸爸和奶奶说道。

因为在郑重宣布之前我早已经和爸爸、奶奶商量妥当,所以爸爸和奶奶满口附和:"没问题,交给我们!"

大宝的眼睛一下子亮了起来。紧接着是一阵兴奋的尖叫:"哇!太棒啦!"看着孩子如此兴奋,一家人都开心地笑了起来。

晚饭后,我和她一起在淘宝挑了一块牌子,要求店家写上特制的文字"特殊时光,请勿打扰"。约定等特殊时光到来的时候把牌子拿出来挂在房间的门把手上,让家里所有人都知道,这个时间是独属于我们两个人的。

晚上睡觉前,大宝跑到我房里抱着我说:"妈妈,我爱你。"我也伸出双手抱住她并大大地亲了她一口说:"我也爱你!"她一脸满足地回自己房间去睡觉了。

几天后快递到了,当晚大宝就迫不及待地把牌子挂在了门把手上,要和我共度"特殊时光"。

她拿出她的布娃娃跟我玩起了过家家,说实话我当时心里觉得挺无聊的,很想说这不好玩,换个别的吧。但因为是我答应她的特殊时光,也跟她说好这个时间里她可以自己做主,她想玩什么我就陪她玩什么。于是,我只好硬着头皮陪她玩了下去。从兔子和狐狸的故事,最后到妈妈和孩子的故事，故事一点点在靠近我们真实的生活。

"妈妈，我来做妈妈，你做我，这个做小弟……"

"好！"哟，自告奋勇要当妈妈，这不是给我现成的机会让她也尝尝做妈妈的不易嘛，我满口答应，心里暗自窃喜。

"妈妈，我想吃冰棒。"

"好，给你。"

"妈妈，我想听故事。"

"你想听什么？我念给你听。"

"妈妈，我想下去骑自行车。"

"好的，你不要出小区，就在下面场地玩哦！"

无论我说什么，"妈妈"总是一脸笑容地回答"好的！"可能这就是女儿希望我对待她的样子吧。

"我要去做饭啦。你乖乖完成口头作业哦。"

"不，我不要做作业，我想玩儿。"我故意不听话，想看看女儿的反应。

"嗯……那好吧，那你就先玩会儿吧。"

"我不要自己玩儿，我要妈妈陪我一起玩儿。"我把挑战升级。

"好，那妈妈陪你玩会儿，一会儿再去做饭。"女儿还有模有样地来摸我的头："不过我们要抓紧时间，不然晚饭可就吃不上了。"

"好。那我们比赛拼图吧，这个花的时间不太久。"虽然我是故意挑战"妈妈"的。可听到"妈妈"对我的要求总是给予肯定回应的时候，我这个"女儿"心里还是觉得挺开心的，于是我也不再挑战"妈妈"，开始变得愿意配合了。

想想游戏中是如此，生活中不也一样吗？如果我也总能像女儿扮演的这个"妈妈"这样总是愿意想方设法多给一点肯定回应的话,那当我需要她配合时她也会更愿意配合吧。本来想借着游戏让女儿知道做妈妈的不易,但结果却是我被女儿扮演的"妈妈"给上了生动的一课。从最开始的觉得无聊,到最后深受触动,这个"特殊时光"不仅仅加深了我们彼此的联系,更像魔法一样,给我和女儿都充足了电。那一天,女儿完成作业效率很高,我的情绪也比较平稳。

后来,我们不只是玩过家家的游戏,也玩捉迷藏,玩大富翁,我们有时躲在帐篷里看书,有时躺在床上有一句没一句地聊天。在"特殊时光"里,平常的事做起来也似乎有些不一样,大约是因为我们全身心地投入,并只把注意力停留在彼此身上吧。再后来,爸爸眼馋也加入了我们。不仅有了爸爸和女儿的特殊时光,也有了我和爸爸的特殊时光。从前鸡飞狗跳的日子,也过得越来越有滋味。

不禁感慨,生活不能只盯着孩子的学习成绩,还需要学会好好生活,学会一点点仪式感,给我们的爱充电。

孙云晓点评

二孩或者三孩教育的关键在老大,而教育的关键在亲子关系。文中妈妈的成功经验便是意识到了不能忽视老大,于是确定了与老大亲密互动的特殊时光。最精彩的经验竟然是6岁的老大创造的,老大在游戏中当"妈妈",她对待孩子的态度堪为父母之师,而妈妈的反思与克制成就了良好的亲子关系。这个案例耐人寻味。

游戏人生

苏州科技城实验小学校学生家长　陈秀琴

很长一段时间，我都烦恼于不知道怎么陪孩子玩游戏，于是，这样的对话在我们的日常生活中出现的频率越来越高。

一日午餐后——

西西满脸期待地小跑过来对我说："妈妈，陪我玩躲猫猫的游戏吧！"

"你都多大了？还玩这么幼稚的游戏。"对于他的提议，我显然有些漫不经心。

"那玩打弹珠的游戏吧！"

想想每天脏衣篓里换下的那些衣服，我有些不耐烦："趴在地上玩多脏啊，衣服不用你洗啊？"

"那就玩猫捉老鼠的游戏，好不好？"西西明显不想放弃。

"跑来跑去会出汗的，而且我今天好累，不想动。"

西西也有些不高兴了："你不陪我玩，那就把手机给我，让我玩游戏。"

"手机，手机，你一天到晚尽想着玩，有这时间，不如去看看书，做做题。"

孩子一脸愤怒，大声嚷道："妈妈，你从来都不陪我玩！"

看着孩子因愤怒而涨得通红的脸，我心里既委屈又无助，委屈的是我把工作都辞了全身心在家陪孩子，无助的是我到底要怎么陪孩子玩？

幸运的是今年春天，我和一群小伙伴共读了《游戏力》这本书。它仿佛打开了我的一片新天地：原来游戏对孩子而言如此重要，原来游戏还可以这样玩。书里的第一句话深深触动了我——游戏是生命的本质。是的，对成人来说，游戏意味着休闲，但对孩子而言，游戏却是工作，孩子是通过游戏交朋友、体验生活以及探索学习的。

以前，在我一贯的认知中，提起游戏，更多时候会联想到"玩物丧志"这个词。现在，我开始在生活中有意识地去实践游戏力的方法。一开始是很难的，因为无法把自己作为妈妈的架子放下，无法摆脱自己日常一本正经的样子，总觉得让自己看起来傻乎乎的，太没面子了。但是当我尝试过后，体验到孩子那种发自内心的快乐之后，我知道我做对了。

孩子经常觉得自己很笨，他们渴望看到愚蠢的是别人，在游戏中，过度夸张的言行，让大人变得像个傻瓜，会使孩子觉得自己有超能力。《游戏力》这本书启发我：放下所谓的尊严，找回自己的孩子。

尝试，在一次晚饭后的不经意间开始。饭后，我和孩子们宣布："今晚，我要跟你们玩一个游戏。"孩子们一听到"游戏"这个词，就开始欢呼："好啊！"紧随而来的便是有点不敢相信，他俩小心翼翼地再次确认："妈妈，你说的是真的吗？"看着孩子们满脸的期待与不可思议，那一瞬间，我知道我做对了。在他们看来，妈妈居然主动提出要玩游戏，即使还不知道玩什么，这已经足够让他们惊喜了。那天的晚饭吃得特别快,并且孩子们还主动安排好家务活,妈妈洗碗,弟弟擦桌子,哥哥扔垃圾。

那天晚上,我们玩了一个脱袜子的游戏,游戏规则是:在规定时间内,脱掉别人的袜子并保住自己的袜子不被脱掉,最后手上袜子最多的人获胜。游戏开始,客厅里尖叫声、嬉笑声此起彼伏。我们一共玩了三局,每局5分钟,中场休息了两次。短短的半个小时,我便浑身冒汗,瘫软在沙发上。看着孩子们因兴奋而通红的脸,想想不久前那气愤的小脸蛋,此刻的他们,别提有多可爱,此刻的我,也第一次真正享受到陪伴孩子游戏的快乐。

老大说:"太好玩,太刺激了,我今天玩得太高兴了!"也正是在那一刻,我发现自己也变成了一个孩子,和他们打成一片,这样和孩子们在一起的感觉特别好。直到临睡前,孩子们还意犹未尽,一直央求我明天继续玩。一个简单的小游戏,让我看到了孩子们是多么渴望和父母一起玩,让他们大笑又是多么地容易。其实游戏当中所激发的活力,所产生的亲密感,也让我释放了很多生活中的压力。

劳伦斯·科恩在书里多次提道:"笑声是建立亲子联结的信号,也是孩子不再觉得痛苦和受伤的标志。笑是孩子和大人自然地释放恐惧、困窘和焦虑的本能途径。"笑一笑,十年少,不管是孩子,还是大人,我们都需要。

首战告捷之后,游戏便成了我守护幸福的通关密码。有一次接老大放学,因为下雨,没有如约带上他心爱的自行车。一路上,他都不肯理我,我去牵他,他也甩开我的手,并离我远远的。我心里很不是滋味:为了一辆自行车,连妈妈都不要了。但我很快调整好自己的情绪,回到家后,我便提议与他做个小游戏。

虽然他还是有些不高兴,但仍旧淡淡地问了句:"玩什么?"

找到破冰突破口的我,立刻笑眯眯地说道:"玩'怒目而视'的游戏,互相看着彼此不许笑,谁笑了罚做一个俯卧撑。"

老大虽然还有些生气,但架不住游戏的诱惑,我俩还是开始了游戏。刚开始几秒,他瞪着我,我也瞪着他,接着他开始憋笑,然后忍不住咯咯地笑,最后大笑。我俩笑成一团,刚才紧绷的关系一下子松弛了下来。

接着我们又玩"泪流满面"的游戏,看谁可以哭出来。我用手指沾了点口水抹在眼角上,然后"呜呜呜"地假哭起来,一边哭还一边说道:"快看,我流眼泪啦。"他当然不会上当,笑着大喊:"是假的,假的,妈妈输了,要罚做俯卧撑。"我做完俯卧撑,他开始假哭了,哭着哭着就变成真的了。号啕大哭之后,他又笑了,让我看他的眼泪,我立刻惊呼:"天啊,你的眼泪居然是真的,你是怎么做到的,我怎么流不出来,快点教教我。"这时的他,俨然已经忘记了放学时的不愉快,一副小大人的模样教育我:"你们大人啊,长大了就不会哭了。"后来,我们还玩了"皮笑肉不笑""鬼哭狼嚎"的游戏,我俩笑得肚子都疼了,所有的不愉快也就烟消云散了。

快乐和笑声是进入孩子世界的入场券,游戏后的简单谈心,也让我们互相理解,彼此包容,重新建立了愉快温馨的亲子关系。

《游戏力》中提道:"简单的游戏也可能隐藏着强烈的情绪暗流,孩子是通过游戏的方式进行自我心里修复的。"我们经常教导男孩子不要哭,要有男子汉气概,男子汉要流血不流泪,但是别忘了他们也只是孩子。当他们难过的时候,我们可以通过游戏让孩子假哭,在假哭中修复作为小小男子汉的脆弱与委屈。这些游戏,其实是给孩子一扇敞开情绪大门的钥匙。很少有父母明白，让这些平时没机会哭出来的眼泪排放干净，对孩子的身心健康有多重要。

"游戏力的方式不只是游戏而已，我们能够以游戏的方式或是更感性的方式来互动，不管是做家务、运动、做功课、看电视，还是建立规则。"以前在催老大写作业的时候，常常会说：时间有点晚了，赶快写作业吧。孩子听了，无动于衷，继续在一旁捣鼓自己的乐高。往往这个时候，我便会怒火中烧，再吼一声。现在，我开始改用游戏的方法——"尊敬的客人，您的菜已经准备好了，您想先上哪个菜，是语文？数学？还是英语？"此时的客人，也会十分配合地答道："今天，我就先吃语文吧。"

再比如，已经厌烦了一次又一次提醒他们饭前洗手，我便改换唱歌的方式："洗刷刷，洗刷刷，把手洗好呀。"到后来，他们会主动提醒我："妈妈，你快唱歌，我好去洗手呀！"

游戏对孩子很重要，其实对大人也很重要。现在，我也会经常和爱人玩一些小游戏。比如真的生气的时候，可以玩"假装我在生你的气"；感觉被对方忽视的时候，可以玩"请你看着我"……游戏不仅存在于亲子之间，也同样适用于夫妻之间。现在，它已经成为我们维系幸福家庭的重要纽带之一。

在《游戏力》这本书的最后，作者劳伦斯·科恩引用了库尔特·冯尼格特的一句话："我们来到地球，就是为了四处逍遥，说别的都是扯淡。"合上书，我的脑海里升起一幅画面：二十年后，一个高大的男人，正趴在地上，陪着他白发苍苍的母亲和幼小的孩子玩游戏。我们曾一起游戏，还将继续游戏。让我们与孩子一起在这个地球上四处逍遥，开启幸福的游戏人生吧！

孙云晓点评

没有游戏就没有童年，因为游戏是儿童认识世界、探索人生的法宝，也是智慧与快乐的源泉。这位妈妈的经验告诉我们，不会游戏就难以与幼小的孩子进行心灵沟通，而学会与孩子游戏才可能共享快乐时光。

牵一只蜗牛去散步

苏州科技城实验小学校学生家长　唐晓玲

我很喜欢《牵一只蜗牛去散步》这首小诗,一次次诵读,让我体会到孩子是慢慢养大的,教育孩子就像牵着一只蜗牛在散步,需要我们对他(她)进行细腻的呵护。很多时候,慢养,才能教出更优秀的孩子。

前几天逛街,恰好看见有卖白玉蜗牛的,想着小学阶段的孩子还是要多观察,当即买下一对,兴冲冲地拿回家给女儿看。对于这个新的小生物女儿表现出很强的新鲜感,让她喂食饲料和蔬菜都是乐意的,但是到了第二天,看着那么多的便便需要去清理,小朋友就不答应了。可能是这对蜗牛刚买来的时候,阿婆来了一句:"哎呀,蜗牛好恶心啊,怎么这么大啊……"加上我第一次在清理的时候表情有点夸张地说:"哇,它们滑滑的,好像是有点恶心啊……"女儿在一旁被影响了,觉得蜗牛很恶心,就更加不想靠近滑溜溜、脏兮兮的蜗牛了。刚开始的那股兴奋劲一下消散了很多。

这明显偏离了我的初衷,说好的仔细观察呢?说好的全程参与呢?当即决定还是要鼓励女儿一起照顾蜗牛。

我们成人首先要改变自己对待事物的态度。后续几次我在清理蜗牛小房子的时候，不再表现出很嫌弃的样子，当然也没有强制要求孩子做，考虑到有这种强迫感的存在，孩子可能行为上会屈服，但内心会拒绝，结果可能适得其反。所以，在清理的时候我让她在一旁陪着我，每个步骤都慢慢地展示给她看，看着我一点点倒掉小房子里的剩菜叶；看着我用纸巾慢慢擦拭小房子里的黏液；看着我用水认真冲洗小房子的每个角落；当然也要看着我怎样轻轻扒开蜗牛收紧的皮肤去处理它们身上的便便；最后为蜗牛换上新鲜的菜叶……我有条不紊且表现自然地操作着这些。

大概持续了一周的时间，这天我对女儿说："妹妹，我们今天又要给蜗牛换新叶子啦，你先看看它们在干吗？等会儿妈妈就给它们来个大扫除。"女儿听了，放下手里的小玩具，透过透明的小房子在一旁观察了起来，说："妈妈，我发现蜗牛看着挺可爱的，圆溜溜的小脑袋，我都想摸摸它们了。"

这是一个很好的开始，我顺势打开了盖子，让女儿轻轻摸了一下，"呀，原来蜗牛的触角那么灵敏啊"。

我心里窃喜，多好啊！女儿不那么排斥蜗牛了。我顺势问她："要不今天你试着帮蜗牛清理一下？清理干净了它们住着一定会很舒服的。"女儿的表情看着有些为难，我也有些许忐忑，怕被她拒绝，可没想到她噘着小嘴回答道："好吧，我试试吧！"

女儿轻轻地把蜗牛拿起来，水流开到最小，慢慢地冲洗着蜗牛壳，冲完后把蜗牛放在一边。接下来的重头戏是清理小房子，夸张的过程引得一旁的阿婆频频注视。女儿一边清洗一边大叫，"啊……这个绿色的便便怎么那么恶心啊，我怎么拿纸擦都擦不下来呢？""哎呀，这个小房子上怎么到处都是黏黏的啊？啊，啊……"不知喊了多少次"啊啊啊",同时消耗了一包纸巾后,终于,蜗牛的小房子冲洗干净了,再铺上干净的菜叶。透过透明的房子再观察蜗牛更加敞亮的活动空间,不用我们多说什么,孩子微笑的面容就能真切体会到她满满的成就感。

"妈妈,我发现它们两个不一样呢!一个花纹深一点,另一个呢边上好像缺了一块!"

"真的吗,我来看看……真的是呢!这个好像稍小一点点,真的很不一样呢!"

对孩子的发现给予正面回应是最好的鼓励,果然女儿更来劲了。

"妈妈,我给它们取个名字吧,你看这个花纹深一点的,叫它花花吧,这个颜色稍浅一点的,叫它小玉吧!"她还一脸认真地补充道:"是白玉蜗牛的'玉'哦!因为我记得妈妈说过它们的品种是白玉,和我们院子里的那些小蜗牛是不一样的。"哈哈,可爱的小家伙!

"妈妈,你有没有仔细看过蜗牛吃东西啊?"

"好像没有特别仔细地看过呢,怎么了?"

"你看哦,它们吃东西的时候,像个小老太太,一点一点地往里吞,就是怎么没看见它们的牙齿呢?还有哦,它们的触角怎么一只大一只小呀?"

好吧,小朋友开启了"为什么"模式,我认真回应着孩子新的发现,同时百度了蜗牛相关的科普视频给女儿看。原来蜗牛竟然是世界上牙齿最多的动物,虽然它的嘴的大小和针尖差不多,但是却有25600颗牙齿呢,而且它们的嘴巴居然是两个触角中间的那个小洞,它们还有惊人的生存能力,对冷、热、饥饿、干旱有很强的忍耐性……

孩子认真看着小视频，不停发出惊叹："原来蜗牛这么厉害的啊！"看了两遍小视频又回味无穷地转述给阿婆听，"阿婆，你知道蜗牛有多少颗牙齿吗？你肯定不知道，有25000多颗呢，真的超级多的……"

听着女儿特别夸张的描述，我们大人也被这样美好的氛围带动起来。真是要感谢我们生活在信息时代，一堂生动的科普教育课可以随时进行。

孩子有的时候对新的生物或者不同的事物是没有主观判断的，尽量少给孩子下定义，让她们自己去发现，家长要少说多观察，不需要说教，也不需要讲那么多大道理，陪伴孩子接近就够了。随着孩子自己去慢慢地体会其中的奥妙，教育孩子，就像牵着一只蜗牛在散步，和孩子一起，用她最为自然的、最自主的方式去学习。

孙云晓点评

这位妈妈的经历与反思告诉我们，教育孩子光有美好的设想是不够的，还需要有适当的条件，尤其是父母的榜样作用。孩子的眼睛像照相机，耳朵像录音机，并且往往聚焦于父母的言行，观察与模仿是孩子主要的学习方式。所以，让孩子做的，父母首先要做到；不让孩子做的，父母首先不做，这是教育孩子的基本原则。

我想出去走走

苏州科技城实验小学校学生家长　闵　玉

今天中午下楼去拿快递，凡凡要跟着去，想想他很久没怎么下楼了，就答应带他一起去。

拿了快递，凡凡说："太阳这么好，我们在小区附近走走吧！"

我说："不行，我还拿着东西呢，很重。"

他说："那我们把东西送上楼不就可以了吗？"

"不！"我想也没想就一口回绝了他。

"你就是不想陪我，哼！"

看着他愤怒又渴望的小眼神，我心软了："那我们就在附近走走，很快回来的哦。"

他立刻开心地蹦跶起来。

我把快递寄放在门卫处，就和凡凡出发了。我走在前面，走得很快，因为我心里还是记挂着他未完成的作业，想尽快结束散步。

"快点！"我一边催促他，一边拿着手机翻看信息，脑子里还在盘算着一些未完成的事。

"妈妈，你走慢点，难道你没有在享受散步的乐趣吗？"

凡凡瞪着小眼睛直直地看着我。被他这么一问，我倒似乎被定住了，我感受到自己紧皱的眉头、僵硬的四肢和急躁的心情，突然间放松下来了，并且觉得自己真是无趣极了。

是啊，和凡凡散步难道不应该是一件享受的事情吗？为什么此刻在我的脑海里，只有他的作业？什么时候我把生活过成只为了完成一项又一项的任务？每一件事都急急忙忙地往前赶。焦虑做不好，担心来不及。紧蹙的眉头少有机会松开。但其实再微不足道的生活片段，也是可以去享受的啊。此刻，不去想未来，不去想意义，就静静地感受两个人的漫步时光，岂不妙哉？

想到这，我一下子觉得轻松了许多，我转头朝凡凡微笑："你提醒得对，生活需要我们去感受，去享受，去乐在其中。走，我们散步去喽。"

"这还差不多嘛！"凡凡看着我把手机塞进裤兜里，满意地说道。

"往哪儿走，你说了算。"这可把小家伙乐坏了。

"走这儿，走这儿，我之前都没走过这条路呢！"

我们一路走一路聊，这一刻沉浸在岁月静好里。走着走着，我们来到了一片大草地，我竟然没有发现在家的周围还有这样一片草地。放眼望去，那一整片绿，绿得生机盎然、恣意洒脱。此刻草地上竟一个人也没有，独享这一片绿的感觉真是妙不可言。草地的中央有两排大树肩并着肩、手拉着手地站着，站在树荫下安静极了，只有脚踏过落叶的声音，簌簌地，很是悦耳。

穿过大树，另一边还是草地，草地的尽头有一个小池塘，池塘里的荷花已凋谢了大半。池塘边上有一对老夫妻在认真地挑着野菜。

孩子开心地跑过去，和爷爷奶奶攀谈起来。

"爷爷，你们在挑什么？这不是三叶草吗？"

"哈哈，不是，这是金花菜。"

"我见过金花菜，好像不是长这个样子的。"

"对，我们一般菜场上买的确实不长这样，有长长的茎，茎上连着小小的叶子对吧？"

"对对对！"

"在这里没有人施肥、除虫，所以它就只能长这么高，你看很多叶子都被虫子吃掉了……但味道是一样的。炒一盘下酒吃可香了。"

"哦！原来是这样啊！"孩子似懂非懂地和爷爷聊了好一会儿，又欢快地跑着去找蒲公英了。

"妈妈，妈妈，快看，这里有好多好多蒲公英！""妈妈，快来，你看这是什么？""哈哈哈，妈妈你看我像不像一只躲雨的大青蛙？"凡凡捡起地上风干了的荷叶举在头顶笑着问道。

"像！"我笑出声来。

凡凡满足地笑着跑开了。那笑声清脆悦耳，犹如银铃一般。我是有多久没有听到这样的笑声了？自孩子上学以来，我们的关系愈来愈紧张，笑声也愈来愈少了。

"妈妈小心，那里有条沟，我刚才差点踩进去了。""妈妈，你跟着我的脚步走，知道吗？这样就不会掉沟里了。"他嘴里不停地说着，欢快雀跃的样子就像从没见过草地似的，和早上蔫头蔫脑写作业的娃判若两人。

回去的路上，凡凡还是叽叽喳喳地讲个不停。末了，他说："三叶草和爷爷挑的那个金花菜好像啊，这个金花菜和我们超市看到的明明是一个东西却长得完全不一样。大自然真是神奇啊。"

"散个步你还有这么多感慨，俨然一副哲学家的样子啊。"我打趣他。

"是啊,孩子和哲学家看上去是两个东西,其实却是一个东西。"

"什么东西?"

"人啊,哈哈哈哈哈哈。"我们哈哈大笑。

"早上写作业的你和现在撒欢儿的你看上去是两个东西,其实也是一个东西。"

"什么?我是东西?"

"不不不,你不是东西。哈哈哈哈!"

"哼……"凡凡假装生气地说。

"哈哈哈哈,逗你玩呢。妈妈是想说,早上蔫蔫的你和现在欢快的你看上去判若两人,但都是我的儿子,我都爱。"

"不爱写作业的我你也爱吗?"

"嗯,当然。怎样的你我都爱。妈妈有时候会因为辅导作业凶你,是因为妈妈担心,担心你不好好写作业,学习跟不上。不是妈妈不喜欢不爱写作业的你。"

凡凡似懂非懂地看着我。

"当然啦,你拖拉磨蹭的时候确实会让妈妈觉得有点头疼。"

凡凡有点释怀又有点不好意思地笑了。

"不过今天妈妈也学习到了很多,除了你自己的努力以外,环境也特别重要。而爸爸妈妈就是你成长过程中很重要的环境。就像同样是金花菜,生长在草地里和菜地里就会长出完全不同的样子。所以,当你不愿意写作业的时候如果妈妈能够注意到你的感受,耐心地陪着你,而不是对你发脾气,可能你的不愿意也就很快过去了。这样才是真的在帮你'施肥除虫'吧?"

"其实有时候我就是闹闹情绪,也不是真的不写,也有真的很不想写作业的时候,那时候我更希望你来抱抱我给我充充电。"

"哦!原来是这样啊,妈妈知道了,谢谢你告诉我这些。"我摸摸他的小脑袋,他又欢快地蹦跶起来。

孙云晓点评

教育家蒙台梭利为什么说"儿童是成人之父"呢?因为童年是成年人心灵的故乡,而童年之神奇在于那是一个自由奔放、无忧无虑的时代,那是一个与天地自然融为一体的时代。文中的孩子就显示出这样的特征,而幸运的是妈妈觉察到了这一点,马上跟着孩子走,便走向了快乐。成年人总是在想如何教育孩子,实际上,只有先接受孩子的教育,才有可能教育孩子。

养猫记

苏州科技城实验小学校学生家长　陈明珠

泡泡来到我们家已经有 20 天的时间了。泡泡是一只蓝猫，有灰色的毛，圆圆的眼睛，圆圆的脑袋，它好像有永远也用不完的精力，仿佛只有把它关在笼子里的时候它才能安静下来，家里的任何东西都能成为它的玩具，都能让它产生好奇心。泡泡的到来也给女儿带来了更多的欢乐，当我们出门的时候，女儿说她不再感到孤单；当女儿感觉无聊的时候，有泡泡陪她玩耍；当我觉得女儿不会照顾别人的时候，她开始主动承担照顾泡泡的责任……

一年半以前，当女儿睿睿第一次跟我提出想养一只猫的时候，我浑身的毛都立了起来，对于一个从小就被猫狗抓咬过的人来说，这个话题让我感到恐惧，因为有太多不确定的因素是我一下子无法接受的。但是，我又知道孩子是家里的一份子，她有权利提出自己的需求，重要的是我们怎样通过有效的沟通在彼此相互理解的基础上达成共识。于是，我提议把是否养猫的话题放到家庭会议上讨论，女儿欣然答应。

是否养猫——第一次家庭会议

2020年5月30日周六，我们一家三口就"是否养猫"这个话题召开了第一次家庭会议。家庭会议在我们家是常用的一种讨论问题的形式，在这里不仅讨论孩子的问题也会讨论我和爸爸的问题，会议的氛围是平等的，是被尊重被接纳的。会议的流程以我们三人的相互致谢开始，以家庭游戏活动结尾，每次开会之前我们还会准备很多小零食，所以每一次的会议其实不仅仅是在解决问题，也是我们彼此连接的机会，因此每个人都非常期待这样的会议。所以晚上一吃完饭睿睿就赶紧跟我一起收拾餐桌，把零食端上来，拿来会议记录本，提前准备游戏，一切准备就绪。

这次的主持人是我，为了节约时间，我省去了致谢的环节，直接展开了对第一个议题的讨论——各自分享自己关于养猫的想法、感受。

我先是诚实地表达了自己的感受："我真的很害怕猫，因为从小被狗咬过，而且我也接受不了家里都是猫毛的生活，所以对于这个话题我其实很纠结，既不能让睿睿牺牲自己的需求来满足我，也不能委屈自己来满足睿睿。"

睿睿说："养猫是有一些麻烦，打扫卫生需要更加频繁，可是它会给我们的生活带来很多平时体会不到的快乐。"

爸爸说："我不支持也不反对，只是我觉得猫是一条生命，一旦决定养便要好好对待它并且负责到底，所以我们应该慎重对待这个议题。"

爸爸的话引起了我们的思考，确实养猫并不是一件简简单单的事情。于是，三人展开头脑风暴，进一步讨论养猫的具体事宜。养猫需要哪些物品？养猫平时要做什么？养一只猫需要多少费用？猫是笼养还是散养？养什么品种？睿睿在小黑板上认认真真写下这些议题，我们仨就一个接一个的问题展开了兴致勃勃的讨论。

"我们一起来想一想养猫之前我们要考虑哪些事情？要准备哪些东西？"我首先发问。

睿睿赶紧说："我在同学家看到他们买了猫窝、猫爬架、猫粮、猫玩具，还买了一个可以带出去玩的包。"

听了睿睿的话，我开始觉察到自己的烦躁，我很怕家里东西多、乱，如果无端地多出这么多东西要往哪里安置呢？可家庭会议中头脑风暴环节的一个原则就是不点评、不批评、不评判，当我们能够觉察到自己的状态、能够看见自己的感受的时候，我们就不会被感受牵着走，于是，那一刻在快速的调整之后，我又心安了下来。

接着用同样的方式想到并讨论了剩下的几个议题。经过这样的讨论，我们都感觉到，原来要迎接一只猫的到来，我们要做很多的准备。尤其在讨论猫由谁照顾的议题上，睿睿一听她也要承担铲屎的责任，露出了惊讶的表情。对于这个外出游玩看见卫生间脏一点宁愿憋着的孩子来说其实是有一些难度的。她也一直以为自己只要和猫玩玩就可以了，所以当我提出这个议题的时候，她惊讶得张大了嘴巴，很长时间都没有合上。

前面几个问题经过讨论一一得到了答案，只有照顾猫和养什么品种这两个最重要的问题没有得到解决，因为我们全家对猫的品种并不是非常熟悉，大家决定先收集一下资料再说。

"可是，谁去收集资料呢？"对于养猫这件事抱着无所谓态度的爸爸说。

"那就由我负责吧！"睿睿爽快地接过任务。显然，她内心还是想养猫的。

这场家庭会议结束后，睿睿已经不那么执着于一定要养猫了，而我也因为经过了这么细致的讨论心里踏实了很多，感觉养猫也不再是那么恐惧的一件事了。

第二天周日，一早吃完饭，睿睿便一头扎进屋里，开始认真地查起了资料，百度搜索、打电话跟养猫的小伙伴交流。过程中睿睿学到了很多关于养猫的知识，都快成为一个"小专家"啦！睿睿还主动搜索了附近的几家猫舍，邀请我一起上门去体验。在猫舍，她一边撸猫一边还会跟猫的主人聊天，请教很多问题。我表面上看上去漫不经心，实则内心还是非常欣喜的，欣喜于女儿考虑问题的细致全面，欣喜于女儿学会了为我们考虑。而我呢？也主动请教养猫的朋友，把我担心的问题抛给他们：我怕猫会咬我怎么办？咬了要得狂犬病怎么办？猫掉毛我受不了，该怎么处理？朋友告诉我：猫就像孩子，如果你对它有耐心有爱心，它就会把你当成最亲的人，它喜欢跟你玩但是不会伤害你；如果不小心被抓伤咬伤了，狂犬疫苗打一次可以管半年，同时要给猫打疫苗，这样就会更加安全；担心掉毛可以让它在除卧室之外的地方玩耍，沙发上铺上垫子，每天吸沙发拖地就可以啦……

悄悄地，我开始有意识地接触朋友家的猫，开始刻意关注猫和主人的互动，主动去捕捉猫可爱的地方。

养猫推进会——第二次家庭会议

第二次关于养猫的家庭会议是在 2021 年 2 月召开的。距离上一次开会已经过去了大半年，在这半年中，由于大家都很忙，就没有把养猫这件事情提到日程上，渐渐地睿睿养猫的欲望也就没有那么强烈了。但是，睿睿还是非常喜欢猫的，而我也不像以前那样惧怕猫了。这次会议，睿睿提出她来当主持人。

在睿睿的带领下我们在第一个环节进行了相互致谢。

睿睿说："谢谢爸爸今天晚上做了我喜欢吃的干锅虾，谢谢妈妈昨天晚上帮我一起整理房间。"

我说："谢谢老公这周抽出两天的时间和我一起骑车，谢谢睿睿在我和爸爸去骑车的时候自己在家里照顾好自己，安排好自己的作业和休息时间。"

爸爸说："谢谢老婆一直不间断地学习，让我们这个家越来越好。谢谢睿睿每晚睡前给我一个拥抱。"

说完她拿出了提前收集好资料的小本子，开始了她的陈述："根据我的调查发现，常见的宠物猫的品种有这些：布偶——性格温顺、长相甜美，妈妈应该不害怕，可是毛长，掉毛很厉害。美短——活泼、调皮、好动，不容易生病，可是美短不喜欢被人抱着、不够黏人。英短——长相可爱、能吃，长大了不爱运动，所以很肥，也因此容易生病。不过它们适合新手主人，黏人，养的人也多。无毛猫——没有毛，这样家里就不会有猫毛，但是长相不够可爱。"哈哈，原来，睿睿经过这段时间的学习，已经成为一个"猫专家"了呀！

爸爸的态度一如既往，很随意，对于养什么品种的猫依然持无所谓的态度，于是我和睿睿一起探讨：布偶掉毛严重，我看猫舍里面掉的都是布偶的毛，这样的掉毛量我无法忍受。美短不黏人而且我看长相也不可爱，要是养还是想要一只可爱的、黏人的猫。英短蓝猫看见不少人养，我还挺喜欢这个颜色的，而且舅舅家和阿姨家的蓝猫都特别黏人，下班回来还到门口来迎接他们。无毛猫不够可爱。

接下来讨论第二个话题：照顾猫的分工，每天最基本的铲屎、喂食谁来做？

这一次睿睿自己提出我们三个人轮流，爸爸早上做，妈妈中午做，她晚上放学回来做。这时，爸爸提出反对意见，认为猫不是他想养的，所以不应该让他来照顾猫。好吧，说得有理，大家一致认可。

第三个话题是把第一次开会的记录拿出来，再次梳理确认购买物品的清单：猫、猫抓板、猫砂、猫笼、猫粮、营养膏、玩具等，并进一步讨论这些东西去哪儿买？买什么牌子？

这一次我们仍然没有做决定，只是觉得似乎养猫这件事情变得越来越具体化了。而睿睿呢？通过这次会议她发现竟然有那么多的准备工作以及后续日常的事情要做，于是她主动提出暂时放弃养猫计划，等过两年再说。

总结环节，睿睿说："对于是否养猫还要再思考，不能盲目做决定，同时非常感谢妈妈和爸爸对于她想法的支持。"爸爸说："我们要开始重新思考什么对自己是最重要的，然后可以去做什么？"我说："这个主题的会议让我感受到了家庭力量的强大，面对一个有分歧的话题，我们可以通过交流及倾听他人想法来达成共识。"

两次会议之后，尤其是经过几个月的观察和接触，我发现自己真的没有那么害怕猫了，有时候甚至还觉得猫挺可爱的，而女儿也开始去体会自己一时的兴趣和真正的喜欢猫之间的区别。

之后的几个月我们也没有再为是否养猫的事情有过争吵，我竟然发现在聊天的时候我会主动跟朋友聊起猫，有意无意地开始关注朋友圈猫的信息，开始去查找养小动物对孩子成长利弊的资料。

达成共识——第三次家庭会议

第三次关于养猫的家庭会议由我发起，那是 2021 年 5 月 10 日。

在这一次的分享中，女儿的想法很坚定，她表达了希望能够有一只可爱的小猫来陪伴自己成长。我的想法则变成了我也希望能够有一只小猫每天下班回来的时候跑到我身边。这种转变让我自己都感到神奇。爸爸仍旧保持无所谓的态度，不鼓励也不否定。

接下来进一步讨论确定了品种、公母、去哪买、照顾分工。家务活我做得多，所以我要考虑卫生的问题，并且对于猫亲近程度和颜值也有要求，因此养育品种采纳了我的意见：英短蓝猫，掉毛少、高级灰，我喜欢。养公还是养母采纳了睿睿的意见，睿睿说公猫活泼一点，好玩一点，绝育的时候也比母猫要简单一些。

去哪儿买？由我来张罗！至于照顾猫，目前我和睿睿合作，爸爸先不参与进来，等他真正爱上猫的时候我们再邀请他一起参与。

就这样，经过一年半的准备，泡泡来到了我们家。刚来我们家，小家伙先是生病了半个月，这段时间多亏了女儿之前的知识储备：不能太冷、猫的粪便不对、它这个样子是在打喷嚏、猫的眼睛一大一小了不对劲、猫的鼻子是热的干的应该是发烧了、要给它准备一条毯子垫在窝里给它保暖、不能对它凶……

现在，我和睿睿一起照顾泡泡，并没有严格的分工。曾经有段时间我因为不知道怎样让她心甘情愿地分担家务而苦恼，可是现在只要有时间她就会主动给泡泡铲屎，准备蛋黄、牛肉，给它加水添粮。晚上一回来我就迫不及待地给他们分享泡泡的今日趣事，饭桌上的话题也因此变得更有趣了。

当孩子提出我们无法接受的意见时，先不要急于否定，有时候解决问题不在对错之间，不在一时之间。我们要看到孩子的需要，也要看到自己的需要，找到合适的沟通方式。或许家庭会议就是很好的一种民主沟通方式吧！成长并非一成不变，随着时间的流逝、知识的积累、心境的转变，时间会带我们找到心中想要的答案。

孙云晓点评

为了讨论是否养猫，连续开了3次有充分准准备的家庭会议，终于取得理想的结果，本文给人最深刻的启示，就是家庭教育需要制度性的保障。谁也难以预料家庭会面临什么样的难题与挑战，靠某个权威拍板决定不利于孩子健康成长，而家庭会议体现了家庭成员的平等民主。《家庭教育促进法》规定：要尊重未成年人参与相关家庭事务和发表意见的权利。此文证明，孩子的参与强化了孩子的责任感与生活能力，这是最为可喜的收获。

每逢节气欢乐多

李琴红[1]

约会春分寻百草

春分时节，万物勃发，大自然到处呈现出一派欣欣向荣的景象。四年级（1）班的二十多个家庭走进了大阳山国家森林公园，"约会"春分寻访"百草"。

为了让活动更有意义，让每个家庭有更多收获，我们还聘请了科技城医院的医生志愿者随队同行。周医生曾连续两届荣获"健康苏州杯"中药鉴定技能竞赛一等奖，今天他将运用自己丰富的专业知识帮助和引导大家去大自然中"鉴宝"。

孩子们兴奋得像小鸟一样叽叽喳喳说个不停，老师给每个家庭分配了任务，二十多个家庭分成五个小组，每个小组都有一张植物清单，大家要齐心协力把清单上的植物都找到，并采集样本，才算胜利。

河畔，周医生指着岸边一截截像竹竿一样的枯枝问："知道这是什么吗？"

---

[1] 李琴红：苏州科技城实验小学校教师，几年如一日在班级开展"二十四节气"活动。

"竹子""竹笋""芦苇",孩子们七嘴八舌地说。

"都不准确,这是芦根,就是芦苇的根茎,它生长在河边低湿处,可以入药,有清热解毒的功效。"

"哇,好神奇啊!"孩子们纷纷发出惊叹。

"这种植物是什么?叶子怎么长得像个大蒲扇?"在一棵灌木边,孩子们停下了脚步。只见这棵植物叶子十分茂盛,油光青翠,形状像大手掌,又像大蒲扇,每片叶子还有8个裂开的角。周医生告诉大家,这种植物的名字和它的样子很有关系,就叫八角金盘,是一种观叶植物,而且也可以入药。

山坡上,在一片不起眼的小草丛前,有人发现了"猪殃殃"。

"为什么叫这个名字啊?"大家都很好奇。

"传说猪吃了这种植物,就会变得病恹恹的。其实它也是一味中药,可以消炎消肿。"

"太好玩了!""好有趣啊!"孩子们又笑又跳,觉得新鲜极了。

一路行,一路学,队伍中不时发出一声声欢呼:"我们组又找到一种植物了!"

"我认识了山莓!"

"凤尾草是一种蕨类植物,长得像凤凰的尾巴!"

"原来这叫五针松,这叫罗汉松!"

"……"

家长和孩子们在寓教于乐的轻松氛围里一步步地完成了任务。大家的表现都很棒:有的家庭事先在家里就做了功课,查阅了很多关于植物的资料,找起植物来又准又快;有的孩子在家长的指导下,一路用手机App识花辨草,看到不认识的植物就用App拍照识别,非常管用；不少孩子和家长还带着笔记本，每认识一种植物，就摘一片叶子当作样本，并且在笔记本上认认真真地做记录，画下植物的样子，记录植物的名称和功效等。

活动最后，每个小组都进行了成果总结，孩子们把任务完成情况展示给大家。四个小组清单上要求"寻宝"的植物全部找到，十分出色地完成了任务。一个小组比较粗心，虽然很认真地做了笔记，但是漏采了几个植物样本，没有完成任务，他们受到了小小的"惩罚"，给大家即兴表演了节目。活动在一片欢声笑语中结束了，短短半天的时间，让每个家庭收获颇丰，既融洽了亲子关系，又认识了很多植物，还感受到了春分节气的魅力。

清明时节茶飘香

清明时节，太湖边烟波浩渺，小山上樱花盛开，茶园里，满目青翠，嫩绿勃发，茶园春光无限美好。

清晨，孩子们穿着水乡服饰，背着小茶篓，兴致勃勃地跟着爸爸妈妈来到茶园，"哇！茶树上冒出了好多嫩芽芽"。

顾爸爸说："清明之前，茶树刚刚冒出小芽尖，采制的茶叫碧螺春。清明之后，随着气温慢慢升高，叶芽渐渐长大，采制的茶叫炒青。"

"我还以为，碧螺春和炒青是在不同的茶树上采摘的呢。"丫妈之前没见过茶树。

"碧螺春和炒青是从同样的茶树上采摘而来的，因为采摘时间不同，所以叶片大小不同，茶的口感也不同。"爱喝茶的顾爸爸不停地给大家科普："碧螺春采摘有三大特点：摘得早、采得嫩、拣得净。

其中清明节前采制的茶，称为'明前茶'，最为名贵。这时，芽叶刚刚萌出，芽长1.5厘米左右，大约需要采摘七万个嫩芽才能炒制一斤碧螺春。"

"哇，茶山上有这么多花树，真美啊！"扑鼻的清香吸引了丫丫的目光。

"聪明的茶农们把碧螺春茶树和果树花树间种，这样，茶叶就会有天然的茶香果香。"丫爸说。

"碧螺春怎么采呢？"大家都没有采过茶，急着想要体验了。

"一手轻轻拉住茶枝，另一只手的大拇指和食指捏住嫩芽，轻轻一掐，只掐一叶一芽。"顾爸爸示范起来。

丫丫一边采茶一边作诗："清明时节忙采茶，一叶一芽别落下。"

经过一上午的采摘，大家满头大汗，成果颇丰，茶篓里，叶芽嫩绿，清香袭人。

中午，孩子们迫不及待地想看炒茶。可是顾爸爸说："嫩芽变成茶叶还需要经过颠茶、挑拣、炒制等过程。"

首先是颠茶，顾爸爸把采回的叶芽，倒入小筵中，反复颠，筛出了许多碎叶。

接着挑拣，嫩芽摊放桌上，大家严格按照一芽一叶的标准，对芽头进行逐个挑拣，剔除了不少小黄片，掐去了一些多余的嫩叶。

顾爸爸说："挑拣的过程，不仅能提高茶叶外观品质，也能让鲜叶的内含物轻度氧化，有利于提高茶的口味。"

"一个一个挑拣真慢啊，挑拣也要花好多时间呢，茶农们真的太辛苦了。"丫丫有点没耐心了，问道："如果很累的话，是不是可以过几天再炒茶呢？"

"绝对不行！碧螺春，非常讲究，必须当天采摘，当天炒制，这样才能保证品质和口感。"顾爸爸回答。

终于到"炒制"环节了，孩子们拍手欢呼。顾爸爸把铁锅洗净，开大火，当锅温约200℃时，投入茶叶，开始"杀青"，他的双手迅速翻炒，捞起茶叶，在空中抖散，茶叶上下翻飞，此时满室茶香，沁人心脾。

过了一会儿，茶锅被调至中火，顾爸爸双手将茶叶捧在手心揉捻，搓成小团，抖落，不停反复，慢慢地茶叶成了条形卷曲状，白毫显露。真是太神奇了，孩子们和家长们跃跃欲试，忍不住撸起袖子，帮忙搓起茶团，只见白毫越来越多。顾爸爸说，这个过程叫"搓团显毫"。

当锅里的茶芽约八成干时，茶锅被调为文火，大家采用轻揉轻炒的方式，使茶达到固定形状，继续显毫，水分蒸发。顾爸爸说，这个过程叫"烘干"。此时炒茶的每个人手臂上都沾满了白毫，额头上沁满了汗珠。

终于起锅了，只见茶如其名，"碧螺春"曲卷如螺，银白隐翠，每个茶芽边沿都有一层均匀而又细又白的绒毛。孩子们闻闻茶叶，闻闻双手，一股股碧螺春特有的茶香扑鼻而来，怪不得人们又叫它"吓煞人香"呢。

最后，孩子们给爸爸妈妈泡上一杯亲手采摘、炒制的碧螺春，品着茶香，感受着茶文化，每个家庭收获的不仅是喷香的茶叶，更有实践和探索的乐趣。

芒种家庭插秧赛

芒种，忙种，忙收又忙种。为了增加孩子对农耕活动的了解，体验节气的农俗特点和粮食的来之不易，四年级（1）班家委会联系了龙韵现代农业发展有限公司，组织了一次特别的家庭插秧比赛。

水田边，几位农民伯伯先来示范，只见他们手指翻飞，边插秧边后退，一眨眼就插好了四五排秧苗，看得大家激动不已。

每个家庭派出两位代表参加比赛，孩子们个个摩拳擦掌，爸爸妈妈们也不甘示弱，一副胜券在握的样子。

男孩子们早已跳入田里，溅了满身泥还呵呵笑。几个女孩子小心翼翼地坐在田埂上，伸出脚试试水，缩回来，不敢下，但是又禁不住水田的诱惑和同伴的呼唤，鼓起勇气下了田。

大家学着老农的样子，分开腿，弓着腰，左手捧秧苗，右手分秧苗，再用两根手指夹着秧苗，按一定的间距往水田里用力插。

"嘿，我成功了！"看到自己插好的第一株秧苗，乐乐眉开眼笑，插得更卖力了。

家长们一边插秧，一边闲话家常，还不忘指导孩子如何把秧苗插得更直、更齐。不一会儿，刚刚还是光秃秃的水田，就变成了灵动的绿地，秧苗在风中摇曳，预示着丰收在望。

"爸爸，加油啊，我们家有点慢了。"

"妈妈，我们不能让后面的家庭赶上来呀。"

家长们直呼累得不行了，不断地直起腰休息，孩子们虽累却不肯停下，他们一边坚持插秧，还一边不断地给家长打气。

比赛结束了，每个人都是两手泥，脸上绽放着笑容，获奖家庭更是捧着奖杯，自豪极了。

忽然有个孩子叫起来,"那些秧苗怎么啦?"大家一看,原来是有人为了图快,秧苗插得太浅,一股流水冲过来,秧苗都漂走啦,哈哈!

"手把青秧插满田,低头便见水中天。心地清净方为道,退步原来是向前。"这次芒种家庭插秧赛,打通了学科与生活、与自然的通道,使孩子们了解了传统农耕文化,进一步体会到了粮食的来之不易。

孙云晓点评

此文犹如打开春天的画卷,迎面吹来醉人的暖风。引领孩子们体验家乡富有特色的劳动,将丰富他们的认知与情感,因为是与伙伴们一起参与,更增加了孩子们的快乐感受。文中所述的识百草、采碧螺春茶和插秧,都是极为独特的体验,而对细节的生动描写更显示出劳动的无限魅力。

我们的节气生活

苏州科技城实验小学校学生家长　高春香

记得我的童年时光是在大自然中度过的，带着泥土味道的童年是我儿时最好的成长课堂。在大自然里，日月星辰的运转、春夏秋冬的更替、动植物生长物候的变化……这些与我们的衣食住行、生产生活息息相关的知识，都是生活中最好的成长营养，也是家庭教育的良好素材。

这些来自大自然的知识都与祖先传承给我们的二十四节气有关。二十四节气延续近三千年，2016 年被联合国教科文组织列入人类非物质文化遗产代表作名录，今天，中国的每个家庭依然将它作为生活作息表。当然，我家也不例外。

说起我家的节气生活，开始于女儿牙牙的一个提问。牙牙的爸爸因为工作需要，经常在野外考察，我和牙牙养成了关注牙爸考察地方的天气预报的习惯。幼儿园大班的一天，惊蛰节气日，收看天气预报时，牙牙问我："什么是惊蛰？"我随口回答说，"这是节气"。牙牙又问："妈妈，什么是节气？""节气就是指二十四节气"，我接着说。"妈妈，什么是二十四节气？"我停了一下，又补充了一句，"就是二十四节气呀"！

看着牙牙对节气这么有探究的劲头，我萌生了一个家庭学习计划——我们一起学习节气。二十四节气是老祖宗留下来的经验总结，是鲜活的文化遗产，已经渗透在我们生活的方方面面。这些庞杂的知识体系是一代代人通过劳动实践和大自然打交道，一点点总结出来的。要理解二十四节气，必须到大自然里去，亲身体会，亲自实践，这正好是我们童年曾经的生活样态。牙牙的提问，正式拉开了我们全家的节气生活序幕。

于是我们几乎把所有的周末、小长假和寒暑假都充分利用起来，带领牙牙参与节气实践活动。攀爬大阳山、玉屏山、五龙山，环太湖，绕护城河，走大运河，努力带她走进各种状态下的大自然，观察自然的季节变化；插秧、割稻、拾麦穗，参与各种农事劳动；测温度、测日影、观北斗的科学活动每样都尝试；上学路两旁的花草树木、龙韵农场的庄稼、西京湾的花卉、诺贝尔湖的月光、智慧谷的牛背鹭，都成了牙牙和我们关注的对象。我们边观察、边聆听、边记录、边思考，鼓励牙牙把每个节气的物候现象以绘本的形式记录下来，加上自己的思考，编写成节气小故事。在学校丰富多样的节气生活教育引导下，牙牙积累的大自然笔记越来越有特点。我们把这些涉及天文、地理、气候、物候、动植物、农作物、节气习俗、诗词歌谣谚语、手工制作游戏等博物科学的内容，详细梳理，用孩子的口气和爷爷奶奶、爸爸妈妈边考察边交流边思考，有问有答，结合自己的切身体会和画作素材，促成了我们的第一本节气科普图书的诞生，牙牙自然而然成为图书的主人公。就此，我们的节气学习迈出了第一步。

三年级开始，牙牙加入学校的节气社团，时不时地为学校同学做节气科普演讲，同学们赠送她一个"节气女孩"的雅称。"节气女孩"不止一个，在学校节气社团的引领下，节气男孩、节气女孩越来越多，二十四节气博物科学探究的氛围更加浓郁。一到寒暑假，周边的小朋友自发来找牙牙，一起学习节气。在牙牙的张罗下，我们还成立了家庭节气探索营。十几个孩子的爸爸妈妈、爷爷奶奶和姥姥姥爷都来参加。我们有说有笑，讲述大人的童年生活，示范我们的童年游戏，节气亲子活动获得了意想不到的快乐。孩子们快快乐乐地走进大自然，亲自体验和阅读这本蕴藏着无限奥秘且丰富多彩的自然之书，把天地当课堂、以节气为课表，上了一堂人与自然是生命共同体的生活生命教育课程，开启自然与人文的博物科学之旅。

走进大自然的过程，本身就是一个与奥秘不期而遇的过程，引导孩子们带上好奇心，睁大眼睛，调动所有感官，去和大自然里的万物接触，发现那些看似没有关联的内在联系。闻闻蜡梅的花香，摸摸梅树粗糙的树皮，捏捏迎春花和黄馨四棱形的枝干，抓一块冰感受它的温度，撬开一块石头瞧瞧藏身其下的虫子们，踮脚趴在树上察看那个白色的卵壳是否还有小生命存在，摘一片香樟叶找到那个小小的可以发出香樟味道的腺体小肉球，拨开夹竹桃长长的荚，人工放飞里面的种子，抚摸一串串平日里从不注意观察的桂树小果子……

白天，我们坚持测量正午日影长度；晚上，会约上孩子和家长们一起夜观星空；下雪天，我们拿着温湿度计亲自测量，用放大镜近距离观察雪花形状，堆雪人、滚雪球、打雪仗，还用剪纸剪出各种雪花状的窗花，吹墨梅花绘制九九消寒图。我们通过天天更新观察笔记、树皮拓印画、叶脉画，感受植物的节气韵律；我们通过水发豆芽，每天观察记录豆芽的生长变化过程；我们组织孩子们一起熬腊八粥、包饺子、腌腊八蒜；我们一起重走姑苏繁华图，寻味苏州老字号店铺，去木渎观看麦芽糖的制作，一起阅读关于灶王爷的传说故事，一起手绘灶神；写对联、写福字、剪窗花，一起学唱过年歌，用各种方式，迎接每个新年的到来；家长沉浸在孩子们亲手创作的节气作品里，倾听着孩子们吟唱的节气歌、节气古诗、节气谚语，都想着下个假期亲子节气探索营再相见。

我们家的节气探索，就像一粒小火种，慢慢地，开始燎原。我们全家开通了互联网在线公益节气科普课程，不仅引领全国各地的家庭加入节气的亲子学习中来，甚至还有很多来自国外的华人家庭也加入了进来。我们真心希望，地球上的每个家庭都能加入进来，传承和续写节气文明。因为，二十四节气是太阳历，是人们认识太阳运动规律的总结，是全人类的非物质文化遗产，它不仅属于中国，也属于世界。

来吧，让我们一起学习节气，从现在开始，我们一起来做节气的使者！

孙云晓点评

掌握了二十四节气，几乎等于掌握了自然变化的规律，这是引导孩子热爱自然学会生活的路线图，也是一个美妙的捷径。苏州科技城实验小学校开发的二十四节气课程是一个创举，而这个家庭则创造了家庭版的实践课程，激发了孩子的好奇心与探究能力。毫无疑问，这些探索将使全家人尤其是孩子受益终身。

芒种时，我们种下希望

苏州科技城实验小学校学生家长　颜　丹

"嘀嘀！"微信消息提示音响起来，希希放下正在画的"小满"创意画，一边凑过来看手机一边问我："妈妈，是节气小组的消息吗？"我把手机举到她面前："你看，是丁老师发的消息：6月6日，周六，芒种节气活动参观秧田，有意参加的小朋友接龙——你要参加吗？"孩子毫不犹豫地回答："参加！当然要参加啦！"之前和她一起已经在书上了解过，芒种的"芒"，是指麦类等有芒植物的收获时节，芒种的"种"，是指谷黍类作物到了开始播种的时节，所以有"芒种芒种，连收带种"的谚语。虽然在老家家门口就有大片田地，但是因为难得回去，孩子对田野的印象是一忽儿绿了一忽儿黄了这样断断续续的。上周回去正好看到小麦收割机在麦田里收割的场景，很是稀奇，看了很久。这是芒种的"芒"，这次活动又可以和老师还有小伙伴们一起去看"种"，孩子可兴奋了。

到了约定好的这一天，我帮她戴好帽子，套上防晒袖套，戴上太阳眼镜。希希在自己的小书包里准备了一些小零食准备和伙伴们分享，还像模像样带了一个笔记本和一支笔，就迫不及待地催促我们出发了。十几分钟后，我们就到达了目的地：位于通安镇太湖边的万亩良田示范区。远远地就看到了大片的稻田,被切割成整整齐齐的小方块,有的已经种上了秧苗,有的还空着像镜子一样。节气小组的小伙伴们还有家长都已经到了。"丁老师!邵老师!毛思月!"一下车希希就奔向她最喜欢的老师和小伙伴身边,把帽子甩在身后。路边还停了一辆小小的拖拉机,拖拉机上堆放着一捆捆绿色的"草皮"。小朋友们玩了一会儿后也发现了这一车"草皮",纷纷围过去叽叽喳喳地讨论着:"这是什么呀?是不是草坪啊?""这是水稻吧?""是插的秧吧?"丁老师温柔的声音响起,孩子们都安静了下来:"小朋友们,这是水稻的秧苗,今天是芒种一候的第二天,陆游在诗里说'时雨及芒种,四野皆插秧',今天我们一起来看一下农民伯伯是怎样插秧的,好不好?""好!"小朋友们异口同声地喊道。

易奕妈妈是我们的向导,因为有着丰富的农事经验,热心的她找到了这个小朋友们可以体验农耕的"宝地"。她带领着大家从一条开满鲜花的美丽小径走进稻田,希希和她的好朋友蹦蹦跳跳地走在一起,嫌碍事又把防晒袖套和太阳眼镜摘下给我。

我们在第一块稻田旁停下,这片稻田里只种了一小部分秧苗,易奕妈妈请正在现场工作的农民伯伯插秧给大家看,只见他脚踩在湿漉漉的泥土里,头顶草帽,弓着腰,一手抓着一把秧苗,另一只手熟练地把一棵棵秧苗插进地里。"加油!加油!"小朋友们在田边不自觉地开始给他们加起油来,就好像在观看一场插秧比赛。不一会儿,他们就插了一小片整整齐齐的秧苗。小朋友们看得很认真,希希说:"原来水稻是这样一棵一棵种的呀,农民伯伯可真辛苦呀!"我笑着对她说:"对呀,所以我们不能浪费粮食对不对?"她点点头。

接着我们继续向前走到第二块稻田边停下,这一块稻田也只种了一部分。工作人员向我们介绍这块稻田是由插秧机进行播种的，使用机械化种植不但大大提高效率，还能够提高栽种质量。这时一台插秧机刚刚从我们看到的那台小拖拉机上运了成块的秧苗过来，缓缓地开到稻田里。刚才拖拉机上成捆的"草皮"被农民伯伯整齐地摆放在插秧机上，马上要栽种的秧苗平铺在后面的平板上，一个人负责开车，一个人负责观察秧苗播种的情况，随时补充秧苗。随着插秧机在稻田里前进，平板下面的"小抓手"不停地从平板上取秧苗，再往田地里"种"秧苗，小朋友们看了直呼："太厉害了！""好快呀！"一会儿工夫，插秧机后面留下了六行整整齐齐的秧苗，比人工栽种得更整齐呢！别说小朋友，我们很多家长都没见过这样的场面，更不认识这么先进的机器，不禁都在感慨现在科技进步了，这样的设备大大提高了生产效率，农民伯伯也可以不用那么辛苦了！

看完人工插秧和机器插秧，我们来到第三块稻田。这块稻田里什么都还没有，也没有工作人员，大家正纳闷，只见易奕妈妈捧着一些秧苗走过来，原来这一块是体验插秧用的稻田，小朋友们一下子又兴奋起来，对他们来说这可是个很好玩的事情。可爱的易奕和妈妈一起熟练地脱去鞋袜，卷起裤脚，毫不犹豫地跨进了泥土里，我们大人都看呆了，因为我们多数人小时候都没有体验过插秧呢，更别说小朋友了。看到易奕这么勇敢，有几个小朋友也决定下去试试，希希在边上兴奋得直跺脚，又有点犹豫不敢下去。看到小朋友们拿到秧苗开始插秧了，她也开始着急了，一边脱鞋一边说："妈妈，我也要下去！"于是，我帮她放好鞋袜和书包后，扶着她小心翼翼往田里去，她走得很慢，又兴奋又紧张，脸涨得通红，脚踩到泥里后大叫起来，走一步叫一下，向易奕妈妈要秧苗去了，一边走一边还不忘招呼好朋友一起：

"毛思月，快来呀！"思月平时非常文静，今天还穿着漂亮的裙子，看见小朋友们开心的样子，也把漂亮的裙子卷起来决定下去和大家一起体验。从来没体验过赤脚踩泥的孩子们在泥地里深一脚浅一脚地走着，大家拿到秧苗后在易奕妈妈的指导下，学着农民伯伯的样子，弓着腰一棵一棵栽种起来。秧苗很细嫩，要用手捏住根部插到泥里才能种好，有的小朋友没有掌握要领，插得东倒西歪，有的插的歪歪扭扭不成一条直线，有的为了图快直接往泥里抛，有的秧苗甚至被扔了个"倒栽葱"，孩子们笑得东倒西歪，家长们也乐坏了，一时间孩子们的叫喊声和欢笑声回荡在稻田里，大家都纷纷拿出手机记录下这难忘的一刻。待易奕妈妈手中的秧苗被抢光了，孩子们也都累得满头大汗，小脚丫子和手上都是黑乎乎的泥巴，稻田边正好有一条人工小水渠，便打算让孩子们在里边洗一洗，怎么下去呢，哈哈，是一个一个被爸爸们拎下去的，孩子们在水渠里洗干净手脚，再起来到稻田边看看自己的"杰作"，他们充满期待地看着秧田，仿佛能看到它们成熟后挂着沉甸甸的稻穗的样子。

　　回到车边，孩子们兴奋地交流着刚才在插秧时的各种新奇体验。有的说感觉每次脚踩下去都有麦茬在扎脚，有的说踩在泥里好害怕有小虫子咬自己的脚，有的说感觉踩在泥里的脚被吸住了拔都拔不出来……正七嘴八舌的时候，丁老师把大家召集在一起说："小朋友们，今天你们在芒种这个节气看到了农民伯伯插秧，又看到了科技发展带来的更加高效的机种，更难得的是你们还亲自体验了插秧，这是一次十分宝贵的经历，让我们真切地感受到，一粥一饭，来之不易。下一次，等水稻长高了，我们再来看看它们，好吗？""好！""耶！太棒啦！"孩子们兴奋地跳起来，好像马上就能看到水稻长成的样子。就这样，芒种节气活动画上圆满的句号，我们带着期待的心在落日的余晖下驶出了这一片美丽的稻田。

> **孙云晓点评**
>
> 城市孩子的脚丫子踩进泥里学插秧，可能是有生以来头一回切身体验，这是只靠读书上课都难以体验的感受。孩子的成长需要很多知识和信息，而直接亲身体验是不可或缺的。

"节气美食"小辰光

苏州科技城实验小学校学生家长　陈　雨

全家饺子宴

"春雨惊春清谷天,夏满芒夏暑相连。秋处露秋寒霜降,冬雪雪冬小大寒。"转眼,冬至悄然而至。冬至既是一个节气,也是中国民间的传统祭祖节日。在苏州,有"冬至大如年"的说法,我和先生都是外地人,这些年入乡随俗,也喝起了桂花冬酿酒、订苏式卤菜、吃糯米团子……每到"冬至夜",家里就忙得不亦乐乎。先生是北方人,把冬至吃饺子的家乡习俗传承了下来。

每年"冬至夜"做晚饭时,一大家子人各有分工。奶奶是家里的"大厨",掌控着整个节奏,爷爷采购原料,我和面,先生带头包饺子。先用冷水和面,筷子搅面加水,用手揉成面团,这时候孩子们最开心了,像小蜜蜂一样围着我绕圈转,嘴上嚷嚷着是来帮忙的,实则伸出肉嘟嘟的小手要面团玩儿。揉面、醒面、密封放置会儿、擀饺子皮。儿子可是这时候的主力,跟着大人们有模有样地在案板上撒面粉,再把每一个面团用手捏正,用靠手掌大拇指的那块大肌肉往下一压,流水线操作很快就擀好面皮了。家里人对饺子的口味爱好不一,萝卜青菜各有所爱,派儿子问一圈儿,综合所有家人的意见后,我们选择韭菜鸡蛋和芹菜猪肉两种馅。

包饺子的过程中,二宝基本上属于重在参与型"选手",只在搅拌肉和菜时出把力,哥哥是实战型"选手",会主动跟着大人一起包饺子。一开始包得不太利索,还有点丑,小伙子向我求助该怎么办?我问他家里谁包的饺子最好看?他不假思索地回答是爸爸。我笑着对他说:"那你先观察学习一下,咱再试试!"于是,他很认真地观察爸爸是怎么包的,一边看还一边比画:左手握饺子皮,从右往左,先捏个小尾巴,食指捏一下,往前移动一步,再捏一下往前动一下,捏到最左边收口的时候用力压紧,月牙形状的饺子就包好啦!儿子满眼放光、很开心地说:"一回生两回熟,这果然是个熟练工的活儿!"可能吃自己包的饺子会格外香,哈哈,一盘十来个饺子很快就被一扫而光。喜欢做哥哥"小尾巴"的二宝,一边欢快地吃着哥哥包的饺子,一边不忘说:"哥哥好棒,谢谢哥哥!"

看着吃得开心、其乐融融的一大家子,我的心里暖洋洋的,想起《论语》中的一句话"虽小道,必有可观者焉"。劳动教育早已不是新话题,教育正是从小处开始的,反映了见微知著的精神,习劳知感恩,家务劳动虽小,却是孩子最早的劳动形式,能让他们通过自己的付出得到劳动后的果实,还能让父子有亲、兄友弟恭,让孩子感受到父母的辛苦,学会关心、体谅家人。

灰色的"苏式三虾面"

"生活即教育,教育即生活。"教育的养成需要丰富的生活经验,实践证明,的确如此。"双减政策"落地后,孩子的课后时间得以解放,也有了改变孩子只有学习能力而缺乏生活能力的契机。

近三年，我们家庭的户外活动相对减少了很多，和孩子们也有了更多亲密相处的亲子时光，除了耐心指导孩子们在家做一些如扫地、收拾碗筷等简单的力所能及的家务劳动以外，我开始逐步尝试结合二十四节气给他们更多的感知和体验，原因很简单，比"四季"更精致的二十四节气能够让孩子们将自然体悟、生活技艺、民俗历史融为一体，特别希望这种寓教于乐的方式能给孩子们留下美好的童年记忆。一直崇尚"民以食为天"的理念，因此选择让这些尝试首先跟美食紧密相关，比如，清明节做青团子、夏至拌凉面、小暑做桂花糯米藕、秋分吃螃蟹、霜降烧萝卜牛肉……从食材准备到蒸煮炸煎，在保证安全的前提下，尽量简化流程并把能够分解的部分让他们去尝试操作，他们基本上能完成得很好，大人们也能和孩子们携手制作有着浓浓亲情味道的"舌尖上的美食"，一起体味"暑"与"寒"温度变化的细腻，感知对"雨、露、霜、雪"的微妙描述，感受古人"惊、清、满、芒"遵循物候而作的超群智慧。

冬日暖阳夏清甜，夏至虽不是夏天最热的时候，但表示炎热的夏天即将到来，北方吃打卤面和炸酱面，南方吃的面条品种就比较多了，阳春面、肉丝面等，苏州比较出名的是端午前后才有的苏式拌面"三虾面"。

怎么做苏式"三虾面"？这可难为了我们这一家。和儿子商量了一下，决定先去"拜师学艺"，朋友是一家苏式面馆的传人，某个周末的中午，带着两个孩子一起去品尝传说中的美味，吃完还拉着大厨讨教了半小时，弄明白食材、步骤以及一些注意事项，就信心满满地回家准备实际操作了。

第二天，为了食材新鲜，我们起了个大早，去菜市场买河虾，孩子们看到菜市场里绿油油的青菜、披着紫袍的茄子、白白胖胖的萝卜……伸出小手摸一摸，鼻子靠近闻一闻，瞪大眼睛瞧一瞧，兴奋极了！给了儿子100元，顺利完成了采购，拿回来的零钱无误，确认数学是过关的。

买齐材料后回家，大人洗、剥河虾，小朋友们撸起袖子洗洗小葱、青菜，我们再把河虾剥成虾仁，虾籽、虾黄炒成一碟，炒好后颜色饱满，配点小青菜后格外诱人，一起拌到面中，苏式拌面"三虾面"就完成啦，既有仪式感又好吃！

因为是就地取材，这次的拌面"创新"使用了荞麦面，所以儿子突然提问："妈妈，这个面为什么是灰色的，跟奶奶以前做的白色的面不一样！"好奇宝宝上线了，本想随口应付回答，转念一想，讲一遍给两个孩子听也不错，老母亲马上吭哧吭哧上网搜了几个视频，把荞麦面的"前尘旧事"来龙去脉详解了一下，两个"好奇宝宝"听得频频点头。

现在快到某个节气前，两个小可爱都会兴奋地问我："妈妈，妈妈，这个节我们吃什么？"得到答复后，再相约某天和爸爸一起带着滑板车、拎着环保帆布袋，出门来个大采购，返回家后就开始欢乐的亲子陪伴制作美食时光，在这个过程中，既锻炼了他们的动手能力，也普及了一些节气文化知识，还能满足味蕾，可谓一举多得。我想这个形式我们家会一直坚持下去，待到头发花白、回忆往昔时，可以笑着说："那时候，我和我的孩子们一起……"

"陪伴是最长情的告白"，陪伴孩子们成长的过程也是我们家长自我完善的过程，人生之路上，让我们和孩子们一起加油吧！

孙云晓点评

2022年北京冬奥会开幕式选在立春之日（2月4日），并以诗情画意的丰富形象展示了中国对二十四节气的认知与情感，可谓惊艳世界。苏州科技城实验小学校开发的二十四节气课程，是对生活教育的一个贡献。陈雨妈妈的文章让我们感受到，家庭生活更需要尊重二十四节气的变化，这既是尊重大自然的四季运行，也是尊重祖先的智慧，更是让现代人与自然和谐相处的守正之道。

我们的荧光夜跑

苏州科技城实验小学校学生家长　江水明

　　孩子已经从苏州科技城实验小学校毕业两年多了，回想孩子在学校学习的六年中，为增进班级孩子们的同学友谊，增强家长们之间的沟通，在班主任老师、全体家长的支持帮助下，组织了近30场的各类班级活动，通过组织举办活动，班级同学之间、家长之间更加团结，关系更紧密。回首过往，仍令人兴奋。

微　光

　　2015年9月开学后的一天，班主任华老师找到家委会，与我们聊起要不要组织一个班级活动呢？举办什么活动适合呢？虽然在一、二年级已成功举办过几个活动，但爱"搞事情"的华老师提议要不我们弄个新花样——荧光夜跑？我一听，有点蒙，荧光夜跑是什么活动？经过深入探讨才明白，原来荧光夜跑就是晚上跑步，大家在手腕上带上荧光圈之类以营造氛围。

　　为了确保活动顺利进行，让孩子们有一个更好的体验，我利用闲暇时间挑选不同的路线亲自试跑，最后敲定了最佳的夜跑路线。安全保障是其中必不可少的一个重要环节，为确保活动安全有序，我制订了一系列周密而翔实的计划：活动开始前让家委会成员走进课堂召开安全教育专题班会，结合路线图，给全体小朋友详细讲解本次活动的活动方式、活动路线、注意事项，让小朋友树立安全意识。活动开始后，由10位爸爸成立了"家长护阵方队"，统一发放口哨、荧光马甲等物品，确保夜间相互之间的联系；其他家长共同参与，沿途保障孩子们的安全等。

活动当天，孩子们、家长们、老师们戴着我精心准备的荧光手环，边跑边挥舞着手中的荧光棒，转瞬便化身为美丽的"暗夜精灵"。大家一路上欢歌笑语，其乐融融，构成了黑夜里一道荧光闪闪的亮丽风景，属于我们班的第一次荧光夜跑在欢声笑语中圆满落幕。孩子们兴高采烈，有的孩子边擦汗边笑着说："这样的活动真是有趣又特别！"也有的孩子大喊着："我可太喜欢荧光夜跑啦！"家长们更是赞不绝口，有一位爸爸眉开眼笑道："太久没陪伴孩子了，能参加这样一个活动实属不易，既有了温馨的亲子时光，又强身健体。""是啊是啊，要不以后每年我们都跑一次吧。"有人戏言道。没想到，后来的几年中，尽管组织了其他活动，但荧光夜跑活动就像一道微光洒进我们班，成了我们班的特色活动。

繁星点点

荧光夜跑在我们班顺利举行了三年，没曾想，这道微光在孩子们毕业的那一年照进了整个学校。

有一天，我无意中在学校家委会群公布了一下班级最后一次荧光夜跑的活动方案，随即不少班级家长主动咨询、联系，基于各个班级的家委积极主动的态度，我们决定组织一次面对面的沟通交流，就以往活动的一些环节进行解读，与会的班级家委回去就开始积极动员宣传。

  当各个参加活动的班级数据整理完成后，我惊呆了，除我们六年级（3）班外，以班级名义组织参加荧光夜跑的还有7个班共计427人。看着如此庞大的数据，我开始与各个班级家委商议活动路线，以及对一些环节的处理进行网络或电话指导，一切事项都在平稳地推进。直到我与学校两位校长见面，我把本次活动的整体情况给两位校长做了详细说明，参加活动的班级数、总人数，各班级的路线图、车辆停放点……尽管我感觉把凡是能考虑到的，都一一进行了详细的阐述。但听完之后，两位校长只问了一句话：如何保障安全？本想，策划方案如此缜密，家长们执行不就可以保障了吗？但两位校长与我分析：你们的活动是在晚上，六年级（3）班的家长们能做到听从指挥，统一行动，而且活动已经举办过三次，也有不少经验，安全问题是让人放心的。但这次涉及那么多不同的班级，不同的家长，又是第一次参加，也没什么经验，怎样保证其他班级家长有同样的执行力和配合度？经过与两位校长再次商议，我决定后续重新调整活动方案，确保安全万无一失方能执行此次活动。

  为了不让孩子们失望，整个国庆小长假我都在反复思考，制订了一个又一个方案，不停地推翻又重来，在国庆长假的最后一天，10月7日晚，我再次约了参加活动的五六位班级家委一起出谋划策，经过一番热火朝天的讨论，大家一致决定微调各班级活动方案，调整的内容主要包括：时间错开、地点错开、增加活动内容。

  10月13日前后，各班级的荧光夜跑活动安全有序地进行，一颗悬着的心终于落下了。2018年10月15日，苏州科技城官方微信公众号推出了一篇题为"快乐奔跑，共同成长——这场'环科技城'荧光夜跑暖人心"的新闻报道，这道微光终是成功照亮学校，化作繁星点点,在黑夜中熠熠生辉。

荧光夜跑,被称为"地球上最闪亮的 5 公里赛跑"。因为孩子,大家有缘聚在一个班级,也因为信任,我能够接此重任,成功组织了从班级到校级的荧光夜跑。想要让其他家长对你完全信任,需要有一个长时间的积累过程,只有当你真心为班级、为孩子们付出了,家长们才会发自内心地接受你。

孩子们与同龄人一起玩耍,哪怕是路边踢踢石子,一起聊聊天或许都比家长带着四处旅游更快乐!独乐乐不如众乐乐,组织各项活动,犹如给孩子们种下快乐的种子,与孩子们一起感受他们的快乐成长。

小学生活是人生快乐的起点。看着点点荧光在黑夜中闪耀,孩子们化身为夜空中最亮的"星",进行一场快乐与健康交织的"跑道对决"时,我想,我的快乐从此也有了意义。

孙云晓点评

荧光夜跑,被称为"地球上最闪亮的 5 公里赛跑"。从一个班的创意到多个班的跟进,说明这个活动深受小学生和父母们的喜爱。很多孩子都害怕黑夜,其实黑夜是美丽神奇的。或许多年后,参加过荧光夜跑的孩子依然怀念那个激动人心的奇妙夜晚,而这就是终身受益的教育。

我家的毕达哥拉斯装置

苏州科技城实验小学校学生家长　仇怡娟

多多 8 岁的时候，我们就和她约定尽量每周看一场电影。那年《冰雪奇缘》火了以后，多多便开始迷恋艾莎公主，主题曲也一直在她脑海中回放，虽然她英语懂得少，但居然都能背出来，我们都觉得神奇。爸爸便和多多说："这就像你小时候会唱粤语的《喜欢你》一样啊，听得多了，潜移默化，自然就会了。"

后来只要是逛街时看到关于艾莎的东西，多多都会让我们给她买，我们不给买她就让爷爷奶奶买。有一天，我给她买了个艾莎的乐高积木，她高兴极了，可是打开包装一看，零零散散的几百片，她一下子就不知所措了，嘴巴张得老大，说道："天哪！这我得拼到什么时候啊！妈妈，你帮我拼好不好？"

我平静地说："你不是很喜欢艾莎吗？那你就得自己慢慢拼，一天拼不好就拼两天，两天不行就三天，你自己拼不好以后就不能再买这样的玩具了。如果你实在有困难，妈妈也很乐意帮助你。"

她听完有点生气，耍起了小脾气，说："不肯帮我拼我就自己拼，才不要你帮呢！"

三天过去了，她连一个底座都还没有完成，并且赌气不愿意来寻求我的帮助，爸爸出差回来见她很不开心，就问她怎么了，她把整件事情和爸爸说了一遍。

爸爸听完后说:"傻孩子,你不会可以问妈妈啊!"爸爸应该没看出来她在和我赌气。

经过一番心理斗争,她最终还是鼓足勇气来找我,不好意思地说:"妈妈,你能教我拼艾莎吗?"

我说:"如果你不会,完全可以找我帮忙啊,你不找我,我以为你都会了呢!你要记住,以后不管是生活中还是学习中,遇到困难自己实在没办法解决的都可以寻求帮助,不能不懂装懂。"于是我便和她一起完成乐高的拼搭。

"太难了!我实在不想拼了!"

"坚持就是胜利啊,半途而废怎么行,都这么辛苦拼到一半了,放弃是不是太可惜了,我们再坚持一下吧!"最终,在我的鼓励和坚持下,艾莎终于拼搭完了。那时候已经是半夜了,虽然时间已经很晚了,但是我们俩却一点儿也不觉得累,反而都很开心。第二天她还和我说,昨晚梦到和那个坚持不懈的艾莎跳舞了,心情无比激动。

从那以后,多多遇到自己解决不了的难题都会和我们一起研究探讨,在我们家这样的亲子活动也越来越多。

多多的学校是一所以科技为特色的小学,多多在学校里学到了很多科学小知识和实验小技能。转眼到了二年级,学校的科技节要求孩子们尝试做一个毕达哥拉斯装置,毕达哥拉斯是什么呢?学校非常用心,制作了相关视频让大家有一个初步的了解。

多多回家后特别起劲,开始显摆起来,她问爸爸:"爸爸,你知道毕达哥拉斯装置是什么吗?"

爸爸挠了挠头说:"毕达哥拉斯不是一个人吗?"

多多一听,立刻当起了小老师,她拉着爸爸坐到电脑前,开始和爸爸一起研究毕达哥拉斯装置。不一会儿，电脑屏幕上满满的都是关于毕达哥拉斯装置的网页，爸爸在多多的带领下也迷上了毕达哥拉斯装置，父女俩在电脑前时不时传来一阵阵惊叹声，还一起讨论起来。

"你的玩具里面有这种类似的东西吗？"

"你知道这个玩意儿是怎么做的吗？"

"爸爸，这是什么原理啊？也太牛了吧！"

看得差不多了，父女俩相视一笑，说干就干，多多把能用上的玩具积木都翻了出来，爸爸画了一个只有他俩看得懂的草图：把一个球从高台上按照一定的路径顺利滚到一个杯子里。

既然要做毕达哥拉斯装置，那就一定要做出自己的想法来！多多和爸爸商量了一下，设置了很多障碍。首先多多用积木做了几圈复杂的轨道，本以为这样就可以让球顺利滚到下面的杯子里了。可谁知球滚到一半就不动了，多多有些沮丧。

爸爸见状，耐心地说："多多，知道球为什么滚了一半就不下去了吗？"

多多俯下身看了看她做的轨道，然后若有所思地说："爸爸，是不是我们要把球放高一点？相应的，轨道应该要像滑梯那样。"

"你真会观察，那你来调整一下吧，如果需要爸爸帮助尽管说！"

多多托着下巴看了看轨道，好像想到了什么，她走到积木面前慢慢地开始调整轨道的倾斜度。调整好了，她就和爸爸把球放到最高处，两个人合作进行试验，看什么样的高度和弯曲的轨道才能让球顺利滚到杯子里，并且观赏性强。

一次，两次，三次……除了轨道，多多还发现，杯子摆放的位置也是有讲究的。

"爸爸，杯子怎么放，放哪里才好呢？"

"我们多放几种试试看吧!"

父女俩趴在地上旁若无人地试验着,玩得不亦乐乎。突然,多多又想到一个好主意,"爸爸,我们把轨道的一截做成多米诺骨牌吧,这样岂不是更有意思!"

"好主意,我怎么没想到。"爸爸手里拿着积木,笑得像个孩子一样。

他俩在手机上搜了一些多米诺骨牌的视频,两个人靠在一起,眼睛看着视频一动不动,生怕落了哪个精彩瞬间。

"爸爸,我再去找一点薄一些的长方形积木。"多多看完视频以后又去自己的玩具箱里翻找起来,不一会儿就找到了一小堆。

"爸爸,我们开始吧!"多多高兴极了!

"来喽!"爸爸也马上加入多米诺骨牌的拼搭中。

摆放完以后,他们又调整了方向、角度和距离,试了好多次总算成功了。

"多米诺骨牌后面呢?要不要再放点什么东西?"爸爸也开始提问了。

多多和爸爸商量了几个方案,最终他们决定把小积木片粘在书本上做定位,再让球顺利滚过去,最后把杯子的位置固定好。就这样,初步的毕达哥拉斯装置完成啦!父女俩开心地击了个掌。

接下来就是一次又一次的试验,球每次落下的时机,小火车行走的轨迹,小积木片定位的角度……在多多和爸爸的不断尝试下,毕达哥拉斯装置已经完成得差不多了。整个过程中,即使遇到一些失败,他们也没有放弃,反而是渐渐沉浸在一次次调整后成功的喜悦中。

"但是怎么让这个滚球开始动呢?直接用手启动没什么新意啊!"多多玩着玩着又开始思考新的问题了。

"嗯……"爸爸也是一筹莫展。

就在这时,我走过去说:"你可以拿你的音乐盒啊,做个小棒放在音乐盒上面,音乐盒旋转的时候可以将球碰下来,然后再滚到你们已经摆放好的轨道上。"

"对!就是那个乐高!艾莎!音乐盒!就是那个艾莎音乐盒!好主意啊!"多多和爸爸同时跳了起来!

"果然三个臭皮匠,顶一个诸葛亮!"看得出来爸爸好像比多多还高兴。

于是在我的提醒下,多多和爸爸做好了启动装置,接下来就要看看这样的操作可不可行了。他们一致同意由我来启动音乐盒。我来到音乐盒前,突然就变得紧张起来,他们俩的眼睛齐刷刷地看着我,我感觉我即将完成一个重大任务。我屏住呼吸,启动了音乐盒!随着"Merry Christmas"音乐的响起,球开始滚动了,它越过积木轨道,顺利启动了小火车,多米诺骨牌纷纷倒下,弹过积木片定位后,准确地进入固定的杯子中!和我们预想的一样。

"耶!成功了!"

我们三个人抱在了一起,开心极了,好像开启了一扇探索世界的新大门。那种喜悦是发自内心最深处的,这个凝聚了我们三个人共同努力的毕达哥拉斯装置,我们一直没有舍得拆掉,到现在还一直摆放在客厅里。

因为这个毕达哥拉斯装置实在是太有趣了,后来我们三人还一起做了一个有很多条路径的毕达哥拉斯装置,每一次从中得到的喜悦都多过在过程中遇到困难时的沮丧!也是从那时开始,我和她爸爸还会时不时和多多一起做些科学小实验,比如关于水的张力的实验,拉力的实验,再比如关于大气压强的实验,摩擦生电的实验等。其实我和她爸爸小时候都没做过这么多实验，托多多的福，有些知识都是和她一起学到的。

现在的多多，还是会和她爸爸一起看电影，和我一起拼乐高。她也更愿意在遇到困难时学会调整心态，用各种办法解决困难。

有一次，我和她爸爸在参加完学校的父母课堂后一起探讨家庭教育，她爸爸对我说："家庭教育渗透在生活的点点滴滴中，很多时候大人忽略的东西也许对孩子的影响会很大，家庭教育就像是每一个科学实验一样，不在于说教，而是要一起体验，只有不断地陪伴和一步一步地操作体验，才会印象深刻，有时甚至会发生蝴蝶效应，影响一生。"

"什么？蝴蝶效应？爸爸你在说什么？"这小家伙听到我们的对话又若有所思了。

"想知道什么是蝴蝶效应吗？走，我们一起去查一查吧！"

孙云晓点评

《家庭教育促进法》倡导"加强亲子陪伴"，自然是一种积极的陪伴，而不是玩着手机守着孩子。文中的父母是了不起的父母，因为他们与孩子一起玩耍、一起创造、一起体验失败与成功，从而帮助孩子养成勇于探索的良好习惯。在创新时代，这样的亲子陪伴尤为值得借鉴。

我们家的亲子时光

韩 华[1]

儿子上中学前,我们从来没有觉得他在人际交往方面有任何问题。直到有一天,朋友家孩子无意中提及,每次在学校吃午饭时,都看到儿子一个人孤零零地坐在饭堂吃饭……虽然那个孩子描述时云淡风轻,但我心里早已掀起滔天巨浪,再看看爱人的神色也沉重了起来。

尽管心里不舒服,但我和爱人还是冷静地分析了原因。回忆儿子的小学生涯,都是在我们的高压管制之下度过的,尤其是学习钢琴"侵占"了他大量的业余时间。再加上生活与学习环境的数次变换,使得他朋友很少,唯一称得上朋友的,却远在百里之外的老家。孩子在双休日曾不止一次提出,希望我们带他出去玩玩,可是我们都忙于适应新环境,忙于各种比赛、活动,总是以"我们太忙了""今天太累了""自己去玩吧"这些话搪塞,三年的时间,仅仅带孩子看了几场电影。渐渐地,孩子不提要求了。闲暇时,他就靠阅读、玩玩具或者打游戏来打发时光。当孩子的话越来越少时,我们还暗自庆幸,把他的表现默认为是乖巧懂事。现在想来,孩子在最需要交往的时候,

---

[1] 韩　华:苏州科技城实验小学校教师,一名16岁男孩的父亲。

我们却没有给他提供帮助；在最需要陪伴的时候，我们却给以漠视，作为父母，我们如此失职！因此，我们达成共识：接下来要多花点时间，用心陪陪儿子，在陪伴中慢慢培养他的交往能力。

找到"良方"的我们，感觉生活充满光明。一个周末，我兴冲冲地向儿子提议："明天我们来一次家庭聚餐吧！"谁料儿子丝毫不感兴趣："不去！"爱人不甘心，继续小心地试探："要不我们一起去苏州乐园？""幼稚！"儿子黑着脸无情地拒绝了。我们没有料到是这样的结果，好像被一盆凉水从头浇到脚。碰了两次"壁"，我们不敢再轻易提议。为什么这些孩子本该喜欢的事情，他都拒绝了呢？最后我们得出答案：这些"亲子活动"是我们以为孩子会喜欢的活动，可是事实上孩子真正喜欢的，我们却一无所知。为了了解儿子的喜好，我们选择了认真地观察和倾听。

一次，儿子在闲聊时透露出想要一个鱼缸，我当即提出带他去买一个，他满脸欣喜。从此，几十条观赏鱼成了我们家的常住居民。闲暇时，儿子总会在鱼缸前驻足，趴在一旁饶有兴趣地观察，有时还会兴奋地和我们分享他的发现。为了和儿子有更多的共同话题，我特意查阅了很多资料，学习怎么养观赏鱼。自此，一家三口围着几十条小鱼观察着、谈论着的情景常常出现。儿子在这样的陪伴中，也变得日益开朗起来。

又一次闲聊中，儿子说很喜欢猫。我和爱人立即为他领养了一只英国短毛猫。新成员加入的那段日子，儿子每天回来的第一件事就是逗猫玩。就连天生害怕小动物的爱人，也受儿子的感染，加入撸猫的行列，从一开始的抗拒到主动帮忙喂猫食、换猫砂、逗猫玩。

日子一天天过去，儿子和我们之间的交流也越来越多了，学校里发生的事情，也常常成为饭桌上谈论的话题。从他的谈话中，我们得知他在班级是有好朋友的，而且他们之间也有很多共同的爱好：撸猫、看动漫、玩游戏……我无法确定儿子是在和我们和解前还是和解后有朋友的，但肯定的是现在的他一定不会孤单。我和爱人都为孩子的转变感到开心。

转眼儿子进入了高中，一次月考后，他不无羡慕地说："我们班的嘉豪这次又是第一名，更主要的是他篮球也打得很好，他打球时好多女生都在看。"爱人插话道："你爸爸当年也是打篮球高手，动作可帅了！"儿子惊讶地看着我："真的？""那当然，不信，你可以让你爸带你去打啊！"爱人没等我回答，立即顺势"推波助澜"。我很明白为何爱人这么"热心"，因为一直以来，儿子都很"宅"，他那日渐上升的体重成了我们的心头病。我们也想带他一起运动起来，可是他宁可写作业，也不愿意出门。赶巧，机会就这样来了！当天，我就带儿子来到学校篮球场，热身之后，我旋即表演了三步上篮、后撤、跳投，一连串潇洒的动作引来儿子满是佩服的目光，他忍不住跃跃欲试起来。自此，打篮球成了儿子的另一个爱好。

为了给儿子创造打篮球的机会，我和爱人先后组织了几次家庭聚会，大人们吃饭聊天，孩子们饭后则进行一场酣畅淋漓的篮球赛。看着他和同学们满头大汗奋力拼搏的样子，我们很是欣慰。

回顾孩子近四年的成长历程，我们深感父母在孩子任何一个时期都不该缺席，而应是孩子成长中的陪伴者、引导者，每一次亲子活动也应从孩子内心的需求出发，立足孩子终身的发展，这样才能让孩子远离一个人的寒冬，一生沐浴阳光，在与父母良好的沟通和互动中，获得与他人交往的技能和能量。

孙云晓点评

　　决定父母是否能够把孩子教育好的是看父母是否有教育素养，即教育理念、教育方法和教育能力，而检验教育素养的第一指标是觉察能力。文中父母之所以能够迷途知返，就在于及时觉察到贫乏的家庭关系影响了孩子的社交能力，并采取一系列措施尝试改变。儿童长大的过程是社会化的过程，进入青少年时代更是群体社会化的时代，即拥有同伴关系越来越重要，而如何拥有同伴关系的培养始于童年时代。

探索色彩的奥秘

苏州科技城实验小学校学生家长　钟　君

女儿已经上小学了,作为从事科研工作的爸爸,总想做一些什么事能够引起她对科学的思考,帮助她建立探索自然的兴趣,不过,碍于自己工作繁忙,长久以来没集中精力实施这件事。

有一次女儿班级开展"科技晨会"活动,要求学生自己讲解或者演示一些科学实验。我一看机会来了,索性就趁这个机会,点起女儿探索科学的星星之火吧。

我问女儿:"悠悠,'科技晨会'活动,你想参加吗?"

"我不想参加。"女儿回答。

看到女儿回答得这么干脆,我心里有点不是滋味,看来老父亲的担忧还真是应验了,孩子对探索未知好像没什么兴趣,不过很快我又认识到,这也不能怪孩子,这可能是普遍问题。

我说:"那如果上台表演个魔术呢,让同学们觉得神奇,并惊叹呢?"

"有这么神奇吗?"此时我已察觉到她的态度有所松动,表现出了些许期待。

"老爸会协助你一起完成的啊,俗话说'打虎亲兄弟,上阵父女兵'。"我用一句玩笑话进一步坚定了她的信心。

她欣然答应承接这项挑战。在"唆使"女儿接受挑战的过程中，我的大脑已经在飞速运转，思考着研究什么好呢。要说深奥的吧，估计自己也理解不了三分，有一些磁铁、气压实验，好做的别人也做过了，我们要探索的问题，首先得打动自己，才能吸引别人。我想到女儿的一大爱好，喜欢收集五颜六色的小宝贝，有宝石、贴纸等，我脑海里呈现出了"色彩探究"这个课题。

我问女儿："你有没有想过，你收藏的宝石为什么会有不同的颜色？"

女儿一脸不屑地笑着说："宝石本来就有不同的颜色啊！"她似乎认为这个问题太没有水平了。

我立马接话："我的问题是，体现出不同颜色的原因是什么，比如说红色的石头，有没有什么办法让这个颜色消失？"

这下女儿有点发愣，反问了我一句："颜色消失？"

看到她疑惑的样子，我想是时候让她见识一下了。首先要让她认识到很多东西都是可以打破常规的，让理所当然不再理所当然，身边再常见不过的小食物都值得我们探究。

这个"色彩之问"果然是个下马威，镇住了这个"四脚吞金兽"。我的实验设计是先让她认识光，再用一个小实验讲解光线传播的规律，接着讲一讲光的本质，然后建立起光和色彩的联系，最后通过小实验来回答她"红宝石的颜色能不能消失"这个问题。

经过上网查阅等一系列准备工作，科技教学大餐马上就上线了。PPT的前几页放了几张高清的绚丽图片，有凡·高风格的抽象画，有红色的菊花，黄色的郁金香，黑白的企鹅。满屏的视觉冲击，又把女儿的兴趣提升了起来。

听了接下来的一句话,她就又傻眼了,"光的本质是一种处于特定频段的光子流"。说实话这句描述很多成人都理解不到位,那么为什么要放这儿呢?这句话太重要了,稍稍体现出一些科学意味嘛!

我说:"我知道你不理解,老爸我也不完全理解,没关系,你就当古诗背,十年二十年以后差不多就理解了。"

为了符合小学生的口味,我又让她看了水面倒映火烈鸟和儿童追反光镜光斑的图片,我们一起认识了"反射现象",经过我一通口吐莲花般的解释,她小鸡啄米似的点头示意已经理解了。为了赶"教学进度",我囫囵吞枣开始了"折射教学"。我在碗里盛水,插入半根筷子,和她互动道:"请问,你发现什么现象了,悠悠同学?"

她果然又像发现新大陆似的说:"筷子好像变弯了!"

"光从一种介质斜射入另一种介质时,传播方向发生改变,从而使光线在不同介质的交界处发生偏折的现象,这就是折射。三棱镜能将太阳光分出七彩光也是这个原理。悠悠同学,你以后要多注意观察生活,这些现象本来生活中就很常见,你却一副大惊小怪的样子。"

我又继续滔滔不绝:"太阳照在物体反射的光或是物体自身发出的光进入我们眼睛,最后到达视网膜上形成一个图像,并被大脑感觉到,这就是我们'看见'某个东西了。"接着我们又一起看了太阳光谱图片,她被从理所当然且似乎并不存在的太阳光里能分出这么多色彩的光而表示惊叹不已,嘴巴张得大大的。

我说:"请停止你夸张的表演,并合上你的嘴巴。现在请看桌子上的这盆蔬菜,里面有彩椒和芹菜等,现在我告诉你,比如说红椒,是红椒对红色光反射,而其他光谱成分被吸收,红光再反射到你的眼睛,所以你看到了红椒的红色,我们其实可以说颜色不是本来就存在的。"

女儿说:"好神奇啊,神奇得这盆菜我都不敢吃了!"

我掏出了从实验室里借来的红光滤光片,说:"你拿着这个镜子,再看看这盆蔬菜。"女儿迅速拿过镜子观察起来,我帮她调整了几次姿势和角度,她激动地告诉我:"红椒的颜色好像变浅了很多,其他的颜色基本没怎么变色,爸爸,为什么啊,为什么啊?"

我说:"这是红色滤光片的作用,把一些红光成分的光滤除了,因为滤除效果都是有限的,如果通过多种滤光片组合,或者做好的光学系统设计,能够让这个红椒看起来完全变成黑椒。你需要好好学习,希望你早日能设计出这样神奇的变色观察镜。"

女儿的眼睛瞪得很圆,嘴巴张得很大,这次我看到了真诚的好奇心,探索自然的兴趣终于迈出了第一步,老父亲这一堂色彩探索课终于没有白费心机,希望对科学知识的探索热情从此在她心中燃起。

孙云晓点评

教育家常常鼓励人们发现孩子的潜能优势,这自然是对的,但家庭教育首先要发现或发掘父母的优势,因为父母的优势是培养孩子最直接的优质资源。这位父亲之所以能够让女儿爱上科学,正是发挥了自己的专业优势。当然,点燃专业优势的是爱心与责任。

图书在版编目（CIP）数据

好的生活就是好的教育／徐瑛家庭教育工作室编著
.—太原：山西教育出版社，2024.1（2025.3 重印）
（家庭生活教育丛书）
ISBN 978-7-5703-3545-9

Ⅰ.①好… Ⅱ.①徐… Ⅲ.①小学-学校教育-合作-家庭教育-研究 Ⅳ.①G626

中国国家版本馆 CIP 数据核字（2023）第 145420 号

好的生活就是好的教育
HAO DE SHENGHUO JIUSHI HAO DE JIAOYU

选题策划	潘　峰
责任编辑	张沛琦
复　　审	崔　璨
终　　审	郭志强
装帧设计	陈　晓
印装监制	蔡　洁

出版发行	山西出版传媒集团·山西教育出版社
	（太原市水西门街馒头巷 7 号　电话：0351-4729801　邮编：030002）
印　　装	山西新华印业有限公司
开　　本	890 mm×1240 mm　1/32
印　　张	7
字　　数	166 千字
版　　次	2024 年 1 月第 1 版　2025 年 3 月山西第 3 次印刷
书　　号	ISBN 978-7-5703-3545-9
定　　价	29.00 元

如发现印装质量问题，影响阅读，请与出版社联系调换。电话：0351-4729718。